TU PEUX LÂCHER MA MAIN !

Estelle Ast

City
Témoignage

Photo de couverture : D.R.
ISBN : 978-2-8246-1837-1
Code Hachette : 39 4582 7

Collection dirigée par Christian English et Frédéric Thibaud
Catalogues et manuscrits : city-editions.com

Dépôt légal : Mars 2021

Préface

« Tu peux lâcher ma main !,
le témoignage criant de vérité
d'une mère courage. »

Sept cent mille enfants autistes en France, dont moins de vingt pour cent à l'école. Avec un taux de chômage à quatre-vingt-dix-huit pour cent. Une dure réalité qui rend le témoignage d'Estelle Ast essentiel.

Avoir un enfant autiste en France aujourd'hui, et vouloir son inclusion dans la société est un parcours du combattant. Un parcours que cette maman a mené pour son fils Allan, puis pour d'autres familles en difficulté.

Cette mère, qui est aussi une créatrice et une entrepreneuse de talent, a décidé de dédier sa vie à son enfant. Elle est montée sur une grue pour lui obtenir le simple droit d'aller à l'école et pour qu'il soit accompagné dignement. Elle a alerté les médias afin de témoigner d'une situation catastrophique qui se répète chaque année pour des milliers de familles.

Alors que j'écris cette préface, mon fils est privé d'école en cette rentrée alors qu'il entre en troisième, parce que l'État ne lui a pas trouvé d'accompagnante. Et mon combat entrepris déjà il y a plusieurs années doit recommencer une nouvelle fois.

Voilà le quotidien des parents d'enfants autistes, difficile et fragile, qu'Estelle a su raconter avec tant de justesse dans ce livre. Voilà ce qui me rapproche de cette maman et de toutes ces mères qui consacrent leurs vies à se battre pour le droit de leurs enfants.

D'autres combats m'ont aussi rapproché de cette femme que j'admire, le combat pour la vérité sur les essais non autorisés faits sur des enfants autistes par des médecins peu scrupuleux. Estelle a été la seule maman à avoir le courage de dénoncer ces faits scandaleux à mes côtés auprès des agences sanitaires. En lanceuse d'alerte, elle a bravé l'omerta qui règne dans le milieu de l'autisme malgré les pressions diverses qui tentaient de la faire taire.

Mais, au-delà de son rôle de mère battante, Estelle est une femme qui a dû se réinventer professionnellement au regard de sa situation de maman solo. Elle a créé une application afin de faciliter le quotidien des familles tout en donnant une plus grande autonomie aux enfants. Une création qui a été saluée par des prix prestigieux.

Estelle a tout mené de front avec force et détermination sans jamais désespérer, avec un optimisme communicatif.

Voilà pourquoi lorsqu'Estelle m'a demandé d'écrire cette préface, j'ai immédiatement accepté. Non seulement pour soutenir son combat de femme, mais aussi pour saluer son talent d'écriture dans ce témoignage bouleversant qu'elle livre sans concession. Un témoignage qui raconte le parcours du combattant de nous tous, parents d'enfants différents. Des lourdes démarches administratives aux luttes incessantes pour faire accepter nos enfants à l'école tout en passant par le courage qu'il nous faut pour affronter parfois le regard des autres.

Malgré toutes ces difficultés décrites avec vérité, *Tu peux lâcher ma main !* est, comme mon ouvrage *D'un monde à l'autre*, écrit il y a plusieurs années, un livre d'espoir sur l'avenir possible de nos enfants, et une ode à la différence.

En conclusion, au cours de ces années de militance commune, Estelle est devenue plus qu'une amie, elle est à présent une sœur de cœur et de combat. Et je tenais, à travers ces quelques mots, rendre hommage à cette héroïne du quotidien, et à travers elle à toutes ces femmes qui croient en leurs enfants et qui se battent pour que leurs droits fondamentaux soient respectés dans notre pays.

Olivia Cattan

Introduction

« Maman, c'est quoi un autiste ? » m'interroge tout à coup Joanne un soir de juin 2007 alors que nous venons de nous mettre à table. Sur le moment, ma fille ignore à quel point son innocente question nous fait l'effet d'un pavé dans la mare ! Abasourdis, Xavier (son beau-père) et moi restons muets quelques instants, nous cherchant mutuellement du regard. Bien que chacun connaisse la réponse, notre interrogation est la même : « Est-il possible qu'elle ait pu entendre des bribes de la conversation que nous avons eue cet après-midi ? » Bien entendu, la réponse est non, puisqu'elle l'a passée à jouer dans la piscine avec Alexis, le fils de Xavier. Qu'une telle question surgisse à cet instant précis fut pour nous complètement fou à vivre !

Depuis plus d'une semaine, nous sommes en vacances dans la région de Biarritz où nous avons loué une grande bâtisse. L'autre partie du bâtiment est occupée par les propriétaires qui gardent leur petit-fils. Très gentiment, ils permettent à ma fille de 11 ans et à Alexis, qui en a 9, de profiter de leur grande piscine. Les deux enfants s'entendent très bien. Ils sont heureux de se retrouver et de jouer ensemble, car ils savent que Joanne va bientôt passer l'intégralité des vacances scolaires chez son père et qu'ils ne se reverront qu'à la rentrée. « Autiste », je n'ai qu'une très vague idée de ce que peut sous-entendre ce mot. Il regroupe des particularités que je me sens incapable de définir avec précision. Pourtant c'est ce terme, sur lequel s'interroge ma fille, qui a surgi brutalement quelques heures plus tôt entre Xavier et moi. Mais, pour l'instant, je n'ai pas envie d'y repenser. Je me sens plutôt curieuse de savoir ce qui a bien pu motiver une telle question. « Eh bien tu vois, me répond Joanne, le garçon de la maison d'à côté, sa grand-mère m'a dit qu'il est autiste. » Ma curiosité satisfaite, je lui réponds de mon mieux. Pendant ce temps, au fond de moi, une question est en train d'apparaître : et si tout cela était un signe ? Un signe de quoi ? Je serais bien en peine de fournir une réponse précise. En revanche, je nous revois très bien Xavier et moi en ce début d'après-midi : Joanne et Alexis venaient de s'élancer vers la deuxième séance piscine de la journée. Nous nous étions un peu attardés à table, chacun les yeux rivés sur Allan, notre fils de 2 ans tranquillement allongé par terre. Comme cela lui arrivait souvent ces derniers temps, il semblait mettre beaucoup de concentration à faire rouler une petite voiture devant ses yeux. Nous le regardions depuis quelques minutes, lorsque tout à coup Xavier m'a demandé : « À quoi tu penses quand tu vois Allan jouer comme ça ? »

Sur le moment, je me souviens avoir été à la fois soulagée et embarrassée par sa question. Car sans lui en avoir jamais rien dit, j'ai depuis quelque temps la sensation persistante que quelque chose ne va pas. J'ai eu beau jusqu'à présent avoir tenté de mettre le comportement débordant de notre fils sur le compte d'un caractère bien trempé – il paraît que moi-même, lorsque j'étais enfant, je n'étais pas facile à vivre –, plus le temps passe et plus mon instinct allume des signaux d'alerte. Si pendant longtemps j'ai voulu croire qu'à force de patience et de fermeté on allait y arriver, je suis maintenant en train de me rendre compte que cela ne suffira pas pour que tout rentre dans l'ordre. Mais je ne suis jamais allée jusqu'à mettre des mots précis sur mon ressenti, il est encore très vague. C'est la raison pour laquelle je suis la première surprise lorsque je m'entends répondre à mon mari : « Eh bien, tu vas peut-être me prendre pour une folle, mais j'ai pensé à l'autisme. » Connaissant son tempérament, je suis quasiment sûre qu'il va aussitôt réagir en me demandant : « Quoi ? Mais qu'est-ce que tu racontes ! Qu'est-ce qui te fait dire ça ? » Je me serais attendue à bien des réactions de sa part, mais certainement pas à celle qui fut la sienne quand il me répondit : « On est bien d'accord. » Lorsqu'ils m'atteignent, ces mots me font l'effet d'une douche glacée. Paradoxalement, ni Xavier ni moi ne cernons réellement ce que peut définir le mot « autisme ». Mais la cruauté de la situation est bien là, n'est-ce pas ? Car que peut-on déduire lorsque deux parents, qui n'en ont qu'une vague idée, émettent celle que le mot « autisme » pourrait s'appliquer au comportement de leur fils ? Si, plus ou moins consciemment, chacun de nous y a pensé de son côté, qu'on en soit maintenant à le verbaliser devient d'un coup très alarmant. J'ignore ce qu'il en a été pour

Xavier, mais ce dont je suis sûre, c'est qu'à cet instant-là j'ai éprouvé un besoin viscéral de réponses. Nous en étions donc là de nos prises de conscience respectives, lorsque la question de Joanne est venue le soir même jeter sa louche d'huile sur le feu.

Les derniers jours de congé sont horriblement longs. Je n'ai qu'une hâte, rentrer à la maison et me précipiter sur la connexion Internet, inexistante ici sur mon lieu de vacances. Je sens que, pour le bien-être d'Allan et celui de toute la famille, je dois explorer en urgence toutes les brèches qui viennent de s'ouvrir. Dans un premier temps cependant, il faut que je le fasse par moi-même. Il serait inenvisageable, par exemple, d'aller me renseigner sur l'autisme auprès de nos propriétaires, même si je sais maintenant qu'ils sont bien placés pour pouvoir me répondre. Pour l'instant, je dois avancer seule. Mes nuits et mes journées sont pleines de cogitations. Dans ma tête, je revois les mois qui viennent de s'écouler, tous les indices que j'ai amassés sans trop savoir quoi en faire. Intérieurement, je commence à échafauder des plans pour la suite. Toutes mes réflexions sont tournées vers ce qu'il va falloir mettre en œuvre pour que nos doutes soient levés… ou confirmés.

1

Un tableau idyllique

Allan est mon deuxième enfant. Je crois que j'ai toujours eu envie de me marier et de fonder une famille. Déjà toute gamine, je rêvais du jour où je serai mère. Dans ma chambre d'adolescente, j'avais tout un mur de cartes postales de bébés et j'avais même décidé que j'aurais quatre enfants. Il faut dire que j'avais sous les yeux un sacré modèle : celui de mes parents, toujours amoureux l'un de l'autre après de nombreuses années de mariage. Avec ma grande sœur et mon petit frère, nous formions une famille très unie. Je pensais que, pour moi aussi, ce serait facile… À cette époque, je m'imaginais également exercer le métier d'assistante sociale. D'une part, je ressentais une grande envie d'aider les autres et, d'autre part, j'éprouvais souvent un sentiment de révolte face aux injustices qui me concernaient ou dont j'étais témoin. Cela dit, j'avais toujours détesté l'école. J'avais une trop grande soif de liberté pour accepter ce que voulaient m'imposer les adultes qui m'entouraient ; parents et professeurs souvent dans le même bateau, et moi qui quittais le navire à la nage pour tenter de leur échapper. L'année de mon CE2 par exemple, mon institutrice, qui m'avait prise en grippe, me le faisait sentir en permanence. Alors, par mesure de protestation, j'ai tout simplement arrêté de travailler en classe, ce qui m'a d'ailleurs valu un redoublement. Je me souviens également avoir récolté un paquet d'heures de colle lorsque j'étais au collège, pour avoir voulu enregistrer les cours de la prof d'anglais, dans le but de prouver ce qu'elle nous faisait endurer en cours… Enfant, je passais pour une petite rebelle dotée d'un sacré caractère !

Une fois le bac en poche, après avoir envisagé de m'orienter vers un métier de l'humanitaire, j'ai finalement opté pour le tourisme. Probablement parce que, à l'époque, mon avenir professionnel était passé au second plan de mes priorités. En effet, l'année de ma terminale, je suis tombée amoureuse d'un charmant jeune homme et, à partir de là, mon couple a concentré sur lui la plupart de mes projets. Tout est ensuite allé assez vite : nous avons emménagé ensemble, nous nous sommes mariés et, durant ma dernière année de BTS, je suis tombée enceinte. Je n'avais que 21 ans au moment de la naissance de ma fille, mais devenir maman fut un vrai bonheur pour moi ! Bien qu'il m'ait fallu reprendre le travail trop vite à mon goût, je me sentais la plus heureuse des mères. En revanche, j'ai rapidement déchanté en constatant que son père avait une conception du couple et du partage des tâches domestiques bien plus conventionnelle que la mienne… La belle entente qui était la nôtre n'ayant pas résisté longtemps face à nos nombreux désaccords, nous nous sommes séparés lorsque Joanne n'avait que 9 mois. Le lien entre elle et son père ne s'est pas interrompu pour autant car, d'un commun accord, nous étions convenus de fonctionner sur le mode de la garde alternée. Cette nouvelle organisation a très bien fonctionné et je suis même restée proche de mon ex-belle-mère qui s'est beaucoup occupée de sa petite-fille.

Sur le plan professionnel j'exerçais alors le métier d'assistante commerciale et, au fil des années, j'avais eu l'occasion de le faire dans différentes entreprises : chez Schweppes, Fauchon... Cependant, ma carrière n'a vraiment démarré que le jour où j'ai eu l'opportunité d'entrer chez un célèbre constructeur de matériel informatique. Peu importe si, par la suite, j'ai eu un niveau de responsabilités et un salaire bien supérieurs, c'est vraiment de mes années dans cette entreprise-là, où j'occupais le poste de responsable administration des ventes, que datent mes meilleurs souvenirs. Je m'y suis vraiment épanouie ! J'étais si investie dans mon travail que je suis rapidement montée en grade et cinq ans plus tard, une enseigne de la grande distribution m'a proposé le poste de responsable des achats informatiques pour environ deux cent cinquante magasins. Bien évidemment, je l'ai accepté. Dès ma prise de fonction, j'ai vite perçu que les enjeux ici allaient être très différents de ce que j'avais connu jusque-là. On semblait m'attendre au tournant. Il allait falloir que je démontre rapidement mes capacités à me faire respecter, ce à quoi je suis parvenue sans trop de difficultés. Dans le même temps, insidieusement, mon environnement professionnel a commencé à déteindre sur moi. Plus je prouvais ce dont j'étais capable, plus j'attachais de l'importance à ma carrière. C'est ainsi qu'en quelques mois à peine je me suis transformée en une personne qui n'était pas forcément toujours très sympathique... Une sorte de businesswoman, un peu matérialiste, qui évoluait désormais dans un milieu aisé où tout le monde gagnait beaucoup d'argent. J'avais l'impression que, si je voulais réussir, il fallait que je me conforme à ce que j'observais autour de moi. C'est ainsi que pour mon plus grand plaisir me semblait-il, ma vie était devenue facile et confortable. J'étais choyée par la plupart des fournisseurs qui n'hésitaient pas à m'inviter à des séminaires dans des lieux enchanteurs, ou bien à me réserver de luxueuses chambres d'hôtel lorsque je devais me déplacer pour assister à des événements professionnels. Je crois bien qu'au bout du compte, je baignais dans une telle atmosphère que j'en étais arrivée à ne plus trop comprendre les gens qui ne réussissaient pas. S'ils étaient incapables de régler leurs problèmes, c'était probablement qu'ils y mettaient un peu de mauvaise volonté. Bref, j'étais tombée en plein dans le piège de la réussite... Si, à cette époque, quelqu'un m'avait prédit ce que serait ma vie quelques années plus tard, tout ce que j'allais avoir à traverser comme épreuves, je l'aurais certainement pris pour un charlatan. Le malheur, les tracas, rien de tout cela ne semblait avoir été fait pour moi, ni devoir un jour croiser mon chemin. J'étais vraiment à des années-lumière de me sentir l'âme d'une combattante, de quelqu'un qui, à force d'un acharnement viscéral, vient à bout de toutes sortes de difficultés. Pour être tout à fait honnête, je crois que si j'étais restée la personne que j'étais alors, je serais passée à côté de ce qui aujourd'hui est essentiel dans ma vie, de ce que j'apprécie d'y vivre, de ce qui, à mes yeux, lui donne toute sa valeur.

Durant toute cette période, ma vie privée a bien entendu compté quelques belles histoires mais, malheureusement, aucune d'entre elles n'avait résisté au temps. Comme je l'ai dit, j'avais parfois à me déplacer dans le cadre de mon travail. C'est ainsi qu'en juin 2002, je suis descendue participer à un salon informatique qui se déroulait à Monaco. S'il s'agissait d'un rendez-vous professionnel important, c'était aussi l'occasion pour moi de rencontrer certains de mes homologues au sein de l'enseigne, en charge d'autres secteurs géographiques. J'étais loin de me douter de ce qui allait m'arriver et surtout de l'état dans lequel j'allais en revenir. Je ne savais pas qu'un tel coup de foudre pouvait exister. En aucun cas, je n'aurais imaginé vivre cela un jour. Et pourtant si ! C'est là, sur ce salon professionnel, que j'ai croisé Xavier. Avant même qu'il y ait eu quoi que ce soit de concret entre nous, nous avons su. Ce fut d'une évidence incroyable. Mais une fois le salon terminé, chacun a dû regagner sa zone géographique respective. Tandis que lui, qui occupait un poste identique au mien, regagnait le Sud-Ouest, moi, je suis rentrée en région parisienne. Mais durant quinze jours, jusqu'à ce que nous puissions nous revoir, nous n'avons pas arrêté de communiquer. À longueur de journée, et plus encore de soirée, multiples textos et appels interminables ont maintenu le contact entre nous. Lorsqu'enfin nous avons eu la possibilité de nous revoir, nous n'avons pu faire qu'un seul constat : vivre une telle relation à distance nous était devenu insupportable.

J'étais tellement persuadée d'avoir trouvé celui qui serait le compagnon de toute ma vie que, sans trop me poser de questions, j'ai pris la seule décision qui s'imposait à moi : j'ai démissionné. J'estimais que ce que j'avais l'occasion de vivre et de partager avec cet homme devait l'emporter sur tout le reste. C'est donc sans trop d'états d'âme que, dès le mois d'août, j'ai quitté mon poste. Dans la foulée, je suis partie m'installer chez Xavier à Toulouse en emmenant ma fille. Comme ni lui ni moi ne voulions faire les choses à moitié, en septembre nous étions mariés. Cette année-là, Joanne entrait au CP. Bien évidemment, son père ne s'est pas montré tellement ravi lorsque je lui ai annoncé ma décision, mais nous avons conclu assez facilement qu'il valait mieux qu'elle vienne avec moi. En contrepartie, elle passerait désormais l'intégralité des vacances scolaires avec lui. De son côté, Xavier avait lui aussi un enfant, un fils dont il était séparé de la mère. Très naturellement, Joanne a trouvé en Alexis une sorte de petit frère avec qui elle s'entendait très bien. De ce point de vue-là comme pour le reste, tout allait pour le mieux ! La seule petite ombre au tableau en arrivant à Toulouse, fut de me rendre compte qu'il n'allait pas être aussi facile que je l'avais cru de retrouver un poste similaire à celui que je venais de quitter, même avec un CV bardé d'expériences et de références. De ce fait, il s'est écoulé plusieurs mois avant que j'en trouve un qui me convienne, mais une fois que ce fut le cas, tout fut parfait. La passion entre Xavier et moi était loin d'être redescendue. Notre belle histoire se poursuivait en force et en intensité sur sa lancée du début… Le tableau avait tout pour être idyllique, et le plus fort est qu'il l'était vraiment. Nous habitions une maison très agréable, mon poste de chargée de clientèle dans une agence de marketing opérationnel était fort bien rémunéré, nous avions chacun un boulot passionnant… Durant trois ans, notre vie a été parfaite. Puis, un beau jour, nous avons eu l'envie d'y mettre encore plus de bonheur en ayant un enfant.

Je suis tombée enceinte assez rapidement. Manque de chance, peu de temps après avoir découvert ma grossesse, j'ai appris que l'agence où je travaillais déposait le bilan. Comme je n'avais aucune chance de me faire recruter dans une nouvelle entreprise en arborant mon gros ventre, j'ai décidé de considérer cette période de chômage comme une opportunité parfaite pour prendre soin de moi. Et cela m'a plutôt réussi, car tout du long j'étais en pleine forme. Au fil des semaines, mon fils grandissait en moi, jusqu'à ce jour du printemps 2005, le 3 juin exactement, où il mit le nez dehors. Après avoir eu une fille, j'avais maintenant le bonheur d'avoir un garçon. Toute au plaisir d'être avec mon bébé, je suis restée avec lui les premiers mois. J'avais l'impression que mon fils était le bébé idéal, d'autant plus qu'il a très vite fait ses nuits. Dès la fin de son premier mois, il n'était pas rare qu'il parte le soir pour de grandes plages de sommeil, ne se réveillant le lendemain matin qu'aux environs de 10 ou 11 heures. Plus les mois passaient, plus Allan s'éveillait et devenait souriant. C'était un bébé très joyeux, qui me donnait le plaisir d'être aux premières loges pour toutes ses premières fois.

Un peu avant son premier anniversaire, j'ai commencé à me sentir tiraillée entre deux envies.

D'une part, il devenait temps pour moi de m'extraire un peu le nez d'un quotidien devenu routinier, mais d'autre part, je n'étais pas prête à le faire à temps plein car je ne voulais pas laisser mon fils en garde des journées entières. Si j'aspirais par bouffées à retrouver une vie professionnelle stimulante, je n'avais aucune envie de cesser de répondre au mieux aux besoins de mon fils. La question était donc : comment concilier ces pensées contradictoires ? Une idée a alors commencé à faire son chemin… Qu'avais-je étudié de près au cours de l'année écoulée ? Dans quel domaine avais-je mené un certain nombre de tests ? La réponse à ces questions était bien évidemment : l'univers des articles de puériculture ! Considérant ensuite que la vente sur Internet était une sacrée opportunité à saisir, j'ai décidé de me lancer dans le commerce en ligne en ouvrant ma propre boutique. Avant de voir les choses en grand, j'ai d'abord prudemment testé la faisabilité de mon projet en sélectionnant quelques articles que j'ai revendus sur ma boutique eBay. Les essais s'étant révélés concluants, je me suis lancée !

2

Mon bébé métamorphosé

Jusque-là, afin de pouvoir être disponible pour lui dans ses temps d'éveil, j'avais toujours fait en sorte de mettre à profit les grasses matinées ou les longues siestes d'Allan pour caser mes activités les plus accaparantes. Si j'avais su, d'ailleurs... Mais comment aurais-je pu deviner ? Qui en effet se plaint ou va consulter parce que son enfant dort beaucoup ? C'est si souvent le contraire que lorsqu'on a un bébé dormeur, on savoure plutôt sa chance. Quelles raisons aurais-je pu avoir de m'inquiéter puisque mon bébé se développait parfaitement ? Autant pour son père, sa sœur et son frère aînés que pour moi, il était un vrai bonheur ! Son unique souci était d'avoir un système digestif un peu fragile, car depuis sa naissance, il semblait être abonné à des diarrhées persistantes. J'avais eu beau essayer toute une variété de laits différents, cela se révéla sans effet. En dehors de ça, tout allait vraiment pour le mieux. Mon fils avait même fait la conquête des assistantes maternelles de la garderie où je l'amenais une après-midi de temps en temps. Elles n'avaient que des éloges à m'en faire lorsque j'allais le chercher, me disant souvent à quel point elles le trouvaient adorable.

C'est donc aux alentours de la première année d'Allan, avec le lancement de ma boutique en ligne, que j'ai commencé à ressentir le besoin de me dégager un peu plus de temps pour moi. J'avais en effet remarqué que même si tout allait bien pour lui, il semblait en revanche avoir un peu de mal à s'occuper seul. Plus d'une fois, après l'avoir laissé quelques minutes le temps de m'activer dans une autre pièce, il m'était arrivé de le retrouver allongé par terre à ne rien faire. C'était même devenu assez systématique, et le voir ainsi perdu sans moi me laissait souvent partagée entre un sentiment de culpabilité et une légère frustration. Pour que nos besoins respectifs soient satisfaits, peut-être fallait-il instaurer une plus grande régularité dans ses heures de garderie ? D'un côté, cela lui permettrait de bénéficier de la disponibilité des jeunes femmes qu'il connaissait bien maintenant, et d'un autre, j'allais pouvoir me consacrer à fond deux après-midi par semaine au développement de mon activité. Effectivement, durant les premiers temps, cette nouvelle organisation a semblé convenir à tout le monde. Lorsque je venais de passer quelques heures à traiter les commandes de plus en plus nombreuses de mes clients, je n'en avais que plus de plaisir à retrouver mon fils le soir et à être pleinement disponible pour lui. Mais peu à peu, aux alentours de ses 18 mois, son comportement s'est mis à changer. Autant à la maison qu'à la garderie, il est devenu moins facile à vivre. Lorsqu'en fin d'après-midi, j'allais le chercher, les assistantes maternelles me disaient de plus en plus souvent qu'il était moins souriant qu'avant et semblait plus à fleur de peau. Elles le trouvaient moins attentif qu'il n'avait pu l'être, et moins également que les autres enfants du même âge. Le constat de mon côté était identique, mais ni elles ni moi ne savions à quoi attribuer ce que nous pensions être un état passager. Ce en quoi, malheureusement, nous nous trompions.

À partir de janvier 2007, la situation s'est encore compliquée. Où était passé mon bébé paisible et souriant ? Celui qui réagissait si bien aux échanges, qui était si facile à vivre ? Qu'il ait pu se métamorphoser en ce bambin constamment en opposition, semblant intolérant à la moindre frustration et qui commençait à s'isoler, était pour moi un mystère. Nous avions l'impression que la moindre chose l'agaçait et qu'il devenait coléreux sans raison apparente. Imperceptiblement, son comportement semblait n'afficher désormais que deux extrêmes : soit il était anormalement calme, restant inerte et ne faisant rien, soit, de manière inexplicable, il se mettait à crier ou à pleurer. Pour tout et pour n'importe quoi, il piquait des crises de colère dont le sens m'échappait complètement et qui, très souvent, me faisaient honte lorsqu'elles éclataient en public. Je me sentais complètement perdue… Dans ces conditions, faire les courses avec lui était devenu un vrai casse-tête !

Comme je l'ai dit, sur le plan digestif mon fils semblait avoir été, dès sa naissance, abonné aux diarrhées. Constatant que le temps n'apportait pas non plus d'amélioration dans ce domaine-là, j'ai décidé un beau jour de l'amener chez la pédiatre. Je voulais qu'elle l'examine de manière plus précise qu'elle n'avait pu le faire jusqu'alors et qu'elle me donne des pistes de réponses sur ce qui pouvait les causer. À l'examen, rien d'anormal selon elle : « Vous savez, cela arrive parfois, sans que l'on sache vraiment pourquoi… » Bref, je n'étais pas plus avancée qu'avant. En revanche, ce qui lui sautait aux yeux était le comportement agité d'Allan qui, comme à son habitude, s'était montré ingérable. C'est donc en employant un ton passablement agacé que la pédiatre m'a demandé si cela était habituel chez lui. En acquiesçant, j'ai jugé bon malgré tout de préciser que la chose était assez récente. « Je n'arrive pas à comprendre pourquoi il est autant à fleur de peau en ce moment, ni surtout ce qui provoque ses colères », ai-je ajouté. Ce à quoi elle m'a répondu qu'elle voyait bien que j'étais en difficulté. « Si la situation empire, allez voir cette psychologue. Elle pourra sans doute vous aider. » Sans rien dire, j'ai pris la carte qu'elle me tendait et l'ai glissée dans mon sac, tout en me disant qu'il était hors de question d'aller consulter une psy pour un peu d'énervement passager. Ce n'était déjà pas dans ma nature de l'envisager pour moi, alors pensez pour un petit bout d'1 an et demi !

Sauf que les jours et les semaines passant, le comportement d'Allan n'évolua pas. Ce qu'au départ j'avais pris pour une petite période difficile virait à la crise permanente… En bref, c'était devenu vraiment compliqué. Face à cela, je me sentais de plus en plus triste, impuissante, et totalement désemparée. Je ne comprenais absolument rien à la situation, ni comment je pouvais me retrouver autant en difficulté avec mon deuxième enfant, alors que pour la première tout s'était si bien passé. Dans ma tête, je revoyais la petite enfance de Joanne, la sœur aînée d'Allan. Tout avait été si facile et si simple avec elle ! Le soir, lorsque Xavier était de retour à la maison, je lui racontais souvent mes difficultés, que rien ne semblait aller, qu'Allan me donnait l'impression de parler dans le vide et de ne jamais m'écouter. J'avais le sentiment de n'avoir aucune prise sur mon fils et qu'il se payait ma tête en permanence. De la part d'un adolescent, encore, on aurait pu le comprendre... Mais on n'en était clairement pas encore là. Ni Xavier ni moi ne savions quoi faire. Pour tenter de régler le problème, nous avons même commencé à sévir un peu. Nous voulions montrer une bonne fois pour toutes à notre fils où était l'autorité dans la maison, en espérant que cela modifierait son comportement. Mais ni la patience ni la fermeté n'ont amené le résultat que nous escomptions. En l'espace de quelques mois, mon bébé si charmant semblait s'être métamorphosé en une petite personne que je ne comprenais absolument plus. J'ai le souvenir d'une période vraiment éprouvante...

C'est donc un peu en désespoir de cause que j'ai fini un jour par ressortir de mon sac la carte de visite que m'avait remise la pédiatre, et par prendre un rendez-vous avec la psychologue. Aujourd'hui encore, je garde un souvenir très net de cette consultation. Assise face à son bureau, je me suis sentie comme prise entre deux feux. D'une part, j'essayais tant bien que mal de répondre à toutes ses questions, en tentant de dissimuler mon agacement face au ton qu'elle employait pour me les poser, d'autre part, je ne savais trop comment endiguer l'agitation d'Allan qui semblait vouloir retourner la pièce entièrement. La psy, elle, se montrait plus confiante… ou plus inconsciente peut-être, du danger encouru par sa multitude de bibelots. « Ignorez-le, m'a-t-elle conseillée. Laissez-le faire. Faites comme s'il n'existait pas ! » Allan qu'on « ignorait », s'en donnait donc à cœur joie. Tandis que je déballais tout ce qui m'inquiétait chez lui, mon fils avait déjà mis une sacrée pagaille, sans avoir suscité la moindre réaction de la part de la psychologue. Cela a continué ainsi un bon moment, puis tout à coup Allan s'est emparé d'une jolie lampe posée sur un guéridon. Là, il s'agissait sans doute d'un objet plus précieux que les autres car la psychologue est vite intervenue pour la lui retirer des mains. Ce qui n'a pas provoqué davantage de réactions chez mon fils car son attention fut subitement attirée par un autre objet qui eut sur lui un effet calmant immédiat. Il s'agissait d'une boîte ronde qu'il a commencé à faire rouler devant ses yeux en s'allongeant par terre. C'était récemment devenu sa grande habitude avec ce genre d'objets…

J'ai beau ne pas avoir fait d'études de psychologie, avec le recul que j'ai maintenant, je ne peux manquer de m'étonner que le calme soudain d'Allan, son intérêt évident pour cette boîte ronde et sa manière de jouer avec, n'aient pas sauté aux yeux de la psychologue. Mais il a sans doute été plus facile pour elle de s'en tenir à ses théories freudiennes bien rodées… J'ai donc eu droit de sa part au sempiternel discours sur « l'enfant-roi ». J'étais sans aucun doute bien trop « fusionnelle » et il était grand temps pour moi de vraiment « couper le cordon ». Pour que tout rentre dans l'ordre, il suffisait que j'accorde à mon fils la possibilité de se passer de moi (avait-elle réellement écouté ce que je venais de lui dire ?). Nous allions voir... Elle était sûre que si je suivais ses conseils, dans quelque temps nous serions aussi épanouis l'un que l'autre. Moi dans mon travail et lui, en gros, dans une vie sociale adaptée à son âge. Comment, au XXIe siècle, peut-on encore systématiquement culpabiliser une mère qui vient demander de l'aide ?

Mais à l'époque, avec Xavier, nous étions si perdus que le soir même, en discutant de cette consultation, nous nous sommes mis à douter. Pour être honnête, nous nous sentions à bout d'idées, de ressources... et parfois de patience. Et si finalement la psy avait raison ? Au point où nous en étions, pourquoi ne pas essayer ? Et si augmenter le temps de garde d'Allan à l'extérieur de la maison était vraiment la solution ? Sachant qu'une nounou de notre lotissement avait de la place pour un enfant de plus, c'était peut-être cela après tout qu'il fallait à Allan ? Sans trop tarder, je suis allée lui demander si elle accepterait de le prendre, ce qui fut le cas, et la nouvelle organisation s'est bientôt mise en place. Chaque matin de la semaine, j'amenais Allan chez elle. À midi, je venais le récupérer pour qu'on déjeune ensemble, puis il allait passer ses après-midi à la halte-garderie. Malheureusement, notre espoir de voir la situation s'améliorer fut très vite déçu. À mon grand regret, le seul changement notable fut que, désormais, j'avais des échos négatifs de mon fils des deux côtés à la fois. La nounou, qui le découvrait, prenait un peu plus de gants que les dames de la garderie pour m'exprimer les choses. Tandis que la première le qualifiait d'enfant compliqué, les secondes semblaient ne plus jamais rien avoir de positif à me dire à son sujet. Plus ou moins chaque jour, elles me rapportaient qu'il ne respectait plus aucun rituel, qu'il s'isolait de plus en plus, ne montrant plus aucun intérêt pour les autres enfants. Et comme si cela ne suffisait pas, elles précisaient que lorsqu'il n'était pas coléreux, il passait son temps à empiler des cubes ou à faire rouler une voiture devant ses yeux. De partout s'allumaient des signaux d'alerte que j'étais bien incapable de décoder.

Au tableau quelque peu alarmant de ces professionnelles de la petite enfance, j'aurais pu, en tant que mère, ajouter qu'Allan semblait ne plus connaître les quelques mots qu'il savait encore dire quelque temps auparavant. Son vocabulaire se réduisait désormais à trois mots : « Main », « Papa » et « Mama ». Pour le reste, il paraissait ne plus pouvoir s'exprimer autrement qu'en poussant des cris ou en prononçant quelques syllabes ou des vocalises qui ne voulaient rien dire. En famille, nous étions souvent déconcertés par son manque d'interaction avec son frère ou sa sœur ainsi que par une apparente absence de réaction émotionnelle. Évidemment, avec tout ce que j'ai appris depuis, il me serait facile de dresser le tableau clinique du Allan de l'époque. Ce que nous ne comprenions pas s'est ensuite éclairci, mais entre ses 18 mois et ses 2 ans, Allan a été pour nous une énigme vivante. Rien de ce que nous pouvions essayer de mettre en place n'avait l'air de le soulager. Rien n'améliorait la situation. Rien.

La gestion des crises nous épuisait en permanence, transformant notre quotidien en cauchemar. Quelques jours de vacances au grand air allaient nous faire le plus grand bien. Tel était du moins notre souhait quand, en juin 2007, nous sommes partis du côté de Biarritz sur la côte atlantique. Nous espérions pouvoir « recharger nos batteries » particulièrement à plat. Effectivement, tout a changé pour moi au cours de ces vacances. Mais pas tout à fait comme je l'aurais souhaité…

3

Mes espoirs s'envolent

Jamais de ma vie je n'ai attendu la fin des vacances avec autant d'impatience ! Je n'ai qu'une hâte, rentrer à Toulouse et me ruer sur l'ordinateur et la connexion Internet. Ouf, ça y est, samedi arrive enfin. À peine un pied dans la maison, je n'ai qu'une envie… Mais il faut avant tout tenir compte des besoins des enfants et ce n'est qu'en fin de soirée, une fois tout ce petit monde au lit, que je peux m'installer devant l'ordinateur. Fébrilement, je tape le mot « autisme » dans le moteur de recherche et constate avec frustration qu'il renvoie vers une flopée de sites. Ne sachant pas trop au juste ce que je cherche, lesquels lire en premier ? Un site de vulgarisation ? Quelque chose de plus spécialisé tel qu'un site médical ? Ou bien encore un forum de parents ? Et si au final mon intuition m'avait mise sur une fausse piste ? Je commence mon enquête et lis méthodiquement tout ce que je trouve en passant d'un site à un autre. Pour l'instant, rien de suffisamment concret pour moi. Tout à coup, au détour d'une page, mes yeux se posent sur une liste qui semble récapituler certaines caractéristiques propres aux personnes autistes. Voilà ce qu'il me faut ! Mes questionnements au sujet d'Allan en tête, j'entreprends de les comparer avec les différents points de la liste. Le premier me rassure un peu. Il indique en effet que, souvent, les personnes autistes ne regardent pas les autres dans les yeux. Voilà qui est positif, car je sais que pour lui cela n'a jamais été un problème. Passons au suivant. Là, déjà, c'est moins bon, car il est noté que les enfants autistes semblent être dans leur monde et que, souvent, ils ne répondent pas à leur prénom. Mauvais point. J'ai en effet remarqué que contrairement à ce qu'il faisait quand il était bébé, il ne tourne plus la tête lorsque quelqu'un l'appelle. Le troisième point, maintenant… Voyons voir… À peine mes yeux se posent-ils dessus que je commence à paniquer. Ce que je viens de lire me tétanise. Le peu de doutes que je pouvais encore avoir est brusquement en train de disparaître. Comme pour étouffer un cri qui n'est pas sorti, j'ai les deux mains sur la bouche tandis que mes yeux lisent et relisent des mots qui sont pour moi dévastateurs. Sur le moment, mon seul réflexe est de me répéter en boucle : « Non… Ce n'est pas possible… Mon Dieu ce n'est pas possible… » Devant moi, sur l'écran, il est écrit noir sur blanc qu'une personne autiste est souvent fascinée par tout ce qui tourne et qui roule… La voilà la réponse que je cherche. Je voudrais revenir en arrière. Je voudrais avoir éteint l'ordinateur avant de trouver. Je voudrais être allée me coucher et n'être encore sûre de rien… Il y a maintenant en moi une véritable avalanche de « je voudrais » impossibles. Car dans ma tête, je ne revois que trop bien Allan passer son temps à faire tourner et rouler tout ce qui se trouve à sa portée, même ses cubes de construction. Je mets du temps à me ressaisir. C'est comme si un gouffre venait de s'ouvrir et que je devais me tenir au bord. Je suis censée faire quoi maintenant avec cette douleur ? J'aimerais la partager avec Xavier, mais il se fait tard et il est en train de dormir. Inutile d'aller le réveiller... Pourtant, j'aimerais qu'il soit là... Mais avant d'aborder à nouveau le sujet ensemble, il me faut avancer encore un peu. Là, tout de suite, je ne peux pas rester seule avec mes peurs. J'ai un besoin urgent de trouver de l'aide. Alors vers qui me tourner ? Tout à l'heure, en jetant rapidement un œil dessus, j'ai vu que malgré l'heure tardive l'un des forums de parents d'autistes semblait encore actif. Je décide donc de me lancer. Après une présentation rapide, je commence à dépeindre Allan et son comportement si étrange. Puis, je leur demande leur avis. Je leur pose la question qui me brûle les lèvres : « Vous, qui savez ce qu'est l'autisme, est-ce que ce que la description de mon fils vous y fait penser ? » Assez vite, quelques réponses arrivent et me permettent déjà de me sentir moins seule. Certains parents ont l'air de penser que d'après ce que j'ai décrit il semblerait bien que oui. D'autres, un peu plus prudemment, mettent en avant le fait qu'à un âge aussi jeune, il est rare qu'on puisse vraiment repérer quelque chose. Leur conseil à tous est d'aller consulter au plus vite. En m'inscrivant sur ce forum, j'ai dû sans doute indiquer que je vis à Toulouse car une maman de la région m'indique les coordonnées du CRA local, le Centre de ressources autisme, qui se situe à l'hôpital de La Grave. Elle me conseille de les contacter rapidement. Je la remercie, puis j'éteins l'ordinateur avant d'aller me coucher. Encore faut-il trouver le sommeil…

Et pourtant si, j'ai bien dû fermer les yeux quelques heures car le lendemain au réveil, je me sens un peu reposée et c'est tant mieux. Mon premier objectif est d'appeler l'hôpital au plus vite. Là où j'en suis de mes interrogations, j'ai besoin d'être fixée très rapidement sur ce qui se passe pour Allan. Au numéro que l'on m'a communiqué, je tombe sur une secrétaire à qui j'expose brièvement ma situation. Je lui explique que j'ai besoin d'un rendez-vous urgent car je soupçonne mon fils de 2 ans d'être autiste. La secrétaire me fait patienter un peu. Lorsqu'elle revient en ligne, c'est pour m'informer que tous les créneaux sont complets pour l'instant. Le plus tôt qu'elle peut me proposer n'est pas avant dix-huit mois. Je mets du temps à réaliser ce qu'elle vient de me dire. C'est une blague ou quoi ? Quand je comprends que ce n'est pas le cas, je sens la colère monter. Je crois que je me mets à crier. Je lui demande si c'est une plaisanterie, si elle a bien saisi ce que je viens de lui dire. Si elle a la moindre idée de ce que c'est de vivre avec un enfant de 2 ans, complètement ingérable et qu'on ne comprend pas. Je lui dis que je l'appelle pour qu'elle m'aide, pas pour qu'elle me condamne à vivre l'enfer pendant un an et demi en ne sachant pas ce qui se passe pour mon gamin. Je lui déverse par téléphone tout le flot d'angoisses que j'ai retenu en moi jusque-là. Je plaide auprès d'elle de toutes mes forces pour mon urgence personnelle, comme si mes supplications pouvaient l'emporter sur le fait qu'ils sont saturés de demandes. Mais à l'autre bout du fil, bien qu'elle ait perçu ma détresse, la secrétaire ne peut rien pour moi. D'ailleurs, c'est ce qu'elle me répète. Il n'y a aucune place dans le service avant dix-huit mois. À bout d'arguments, je m'effondre en larmes. Je lui exprime que j'ai l'impression d'être arrivée sur une rive, que j'ai un fleuve à traverser pour rejoindre mon fils qui est de l'autre côté, et qu'on m'oblige à attendre dix-huit mois pour le faire. Je lui dis à quel point c'est insupportable de voir Allan souffrir, de ne pas le comprendre, de ne plus réussir à communiquer avec lui... J'ai du désespoir plein la gorge, plein les yeux. J'entends au bout du fil quelques paroles qui se veulent réconfortantes. C'est tout ce que la secrétaire peut faire. Avant de terminer, je pense à lui laisser mes coordonnées au cas où, sait-on jamais, il y aurait un jour un désistement. Je me raccroche à cet espoir. Puis je me prends la tête dans les mains. Pour la première fois de ma vie, je viens de me heurter aux défaillances du système de soins. Ainsi donc, on peut laisser des enfants en grande difficulté sans apporter aucune aide à leurs parents dans un délai décent ? Malheureusement pour nous, ce constat ne sera que le premier d'une longue liste. Mais ce jour-là, je l'ignore encore.

Je respire profondément pour me calmer. Il y a de la révolte en moi, une énorme incompréhension. Mais dans quel monde suis-je tombée ? N'ayant personne sur place à qui exprimer ma colère, je retourne sur le forum pour en faire part aux autres parents. Je voudrais hurler à quel point c'est insupportable, mais je me contente de le transcrire en mots. Tout comme la veille au soir, des réponses m'arrivent assez vite. Ce que je lis me sidère.

Je ne sais pas à quoi je m'attendais, mais certainement pas à ce qu'on me réponde, avec plus de résignation que je n'en aurais jamais, que oui, c'est intolérable, mais que non, il n'y a rien à y faire. Non, jamais les délais pour un premier rendez-vous ne devraient être aussi longs, mais ils le sont et, selon ces parents, ça n'est pas près de changer. Dans l'état où je suis, ce n'est sûrement pas le genre d'arguments propres à faire retomber ma colère... Bien au contraire ! Je n'en suis pas encore tout à fait là, mais dans quelque temps je vais comprendre qu'à tout prendre, la colère peut être un très bon moteur pour faire bouger les choses...

Je repense sans arrêt aux caractéristiques que j'ai lues sur le site. Je voudrais pouvoir en discuter avec Xavier mais, bien que la semaine dernière nous ayons semblé avoir la même intuition, les regards que nous portons sur Allan sont restés différents. Nos réactions elles-mêmes, d'ailleurs, le sont aussi. Au fond de lui, je pense qu'il sait que j'ai raison de m'entêter à chercher des réponses pour pouvoir avancer, mais lui n'est sans doute pas encore prêt à faire face à une réalité que moi je cherche à prendre à bras-le-corps. Là tout de suite, j'ai besoin d'un autre avis que le mien, d'un avis extérieur. Qui d'autre à part lui connaît bien notre fils ? Depuis que je suis à Toulouse, ma famille est loin. Même si nous nous voyons plusieurs fois par an, eux n'auront pas ce regard de proximité dont j'ai besoin. Les seules à l'avoir vont être les assistantes maternelles de la garderie et la nounou éventuellement. Elles seules pourront m'aider à y voir clair, à me sortir de cette incertitude que je vis comme une torture. De toute urgence, il me faut des réponses… Je saute dans ma voiture. Tout d'abord au plus près, la maison de la nounou. J'arrive chez elle sans prévenir, ou plutôt je déboule. De but en blanc, je rentre dans le vif du sujet. Je lui demande s'il lui est déjà arrivé de penser qu'Allan puisse être autiste. Visiblement, ma question la dérange et la met très mal à l'aise. Ce n'est qu'en constatant mon insistance à obtenir une réponse qu'elle finit par m'avouer que oui. Oui, effectivement, il lui est déjà arrivé d'y penser. Et pas seulement elle, d'ailleurs. L'une de ses amies est infirmière. Elle vient souvent prendre un café. C'est elle la première qui en a parlé. Et selon cette amie également, oui Allan est autiste. Évidemment, c'est tout sauf ce que j'aurais voulu entendre. Mais pourtant, sa réponse n'est pas une surprise. Très vite, une autre interrogation me vient : « Pourquoi, alors qu'elle m'alerte depuis des mois sur son comportement, n'a-t-elle jamais essayé de me faire part de ses soupçons » ? Ce à quoi elle me répond que cela aurait été gênant. Que ce n'était pas à elle de le faire. Dans l'état de tension nerveuse où je suis, c'est quelque chose que je ne peux pas entendre, que je ne peux pas comprendre, pas à cet instant en tout cas. Énervée, je ressors de chez elle comme j'y suis arrivée, sans même prendre le temps de lui dire au revoir, tellement je me sens débordée de tristesse et de colère. Maintenant, direction la halte-garderie. On va bien voir là-bas ce que les assistantes maternelles ont à me dire… Avant d'aller les rencontrer, je tente de me calmer un peu, mais je ne dois pas y être parvenue, car au premier coup d'œil, elles se rendent compte de mon énervement. Étonnées de me voir là, elles s'approchent en me demandant si tout va bien. Nous nous connaissons maintenant depuis plus d'un an, alors comme avec la nounou, je ne prends pas de gants pour aborder avec elles le sujet qui m'amène. Ma question est la même : « Oui ou non, leur est-il déjà arrivé de penser qu'Allan puisse être autiste ? » Chacune accuse le coup à sa façon. Pour moi qui les observe, rien qu'au regard qu'elles échangent, je sais quelle va être leur réponse. Malgré la relation de confiance qui est la nôtre, leur gêne est tout à fait palpable. Mais j'ai besoin de mots. D'un seul même, quel qu'il soit. Et j'aurais donné n'importe quoi pour que ce ne soit pas le : « Oui » qu'elles finissent par prononcer.

Malgré tout ce qui peut sembler convergent, j'ai envie de me raccrocher encore au moindre doute qui peut subsister en moi. Je revois dans ma tête la liste sur laquelle je suis tombée la veille. Cette liste qui mentionne comme une caractéristique flagrante que les autistes ne regardent personne dans les yeux. Depuis que je l'ai lu, c'est un peu comme si j'avais fait de cet ultime argument ma carte joker. Celle qui pourrait, peut-être, abattre toutes celles d'une épouvantable réalité dans laquelle je crains par-dessus tout d'avoir à m'enfoncer. J'explique donc aux assistantes maternelles ce que j'ai lu à ce sujet. Si pour moi c'est évident, ça doit l'être pour elles aussi, non ? Elles doivent bien savoir comme moi qu'Allan n'a aucun problème pour regarder dans les yeux. Mais nouvelle gêne de ces femmes qui secouent la tête. « Non, me répondent-elles, ici Allan ne regarde personne dans les yeux. » Je ferme les miens en respirant profondément… Je les rouvre. Et vite je les remercie, je dis au revoir cette fois-ci, à travers mes mâchoires serrées. Je n'ai qu'une hâte, regagner le havre de ma voiture pour pouvoir m'y écrouler en larmes. Ça y est, j'y suis. On peut ouvrir les vannes… Pendant longtemps, je m'interrogerai sur ce qui a pu faire qu'on ait, elles et moi, des perceptions si différentes sur ce point. Et puis un jour, je vais comprendre que pour l'instant Allan ne regarde que deux personnes dans les yeux. Son père et moi. Jusqu'au jour où ça ne sera plus le cas…

4

Une journée gravée à jamais

Dès mon retour, je file à l'ordinateur. Ma tête bourdonne des perspectives angoissantes qui se profilent de plus en plus... J'ai à nouveau besoin d'échanger avec les parents du forum. Une fois reconnectée, je découvre que suite à mon coup de colère d'hier au sujet des interminables délais d'attente, la directrice d'une association m'a laissé un message en privé. Elle a quelqu'un à me recommander à Toulouse. Il s'agit de Mme Jeanne Kruck, une psychologue installée en libéral, qui est une ancienne élève du professeur Bernadette Rogé. En me joignant ses coordonnées, elle me précise que, certes avec elle, les rendez-vous seront payants, mais au moins je n'aurai pas à attendre un an et demi pour avoir un diagnostic.

Je l'ignore encore, et je ne sais pas le moins du monde si elle-même en a conscience, mais par son geste cette femme vient de changer l'avenir d'Allan. Immédiatement, je la remercie, puis j'entreprends dans la foulée des recherches au sujet du professeur Rogé. Si la chose était possible, ce que je lis à son sujet me redonnerait presque un peu d'espoir. Mais à défaut, c'est en tout cas de nature à m'inspirer confiance. Je découvre en effet qu'il s'agit d'une personne très connue dans le milieu de l'autisme et qui fait figure de pionnière en ce qui concerne les prises en charge éducatives. Voilà qui est rassurant. Pourvu que son ancienne élève puisse recevoir Allan rapidement ! Le lendemain, lorsque j'arrive à la joindre, je lui explique en quelques mots ma situation. Combien je me sens perdue, combien il est difficile de ne plus comprendre Allan… Je lui demande si elle aurait un rendez-vous à nous proposer qui soit plus rapide que ce que l'on m'a annoncé la veille au CRA. « Ne vous inquiétez pas, me répond-elle. Mes délais sont bien moins importants. Est-ce que dans quinze jours cela vous convient » ? J'en sauterais presque au plafond. C'est comme si je venais d'échanger dix-huit mois d'enfer contre seulement quinze jours… Bien sûr que cela me convient ! Mme Kruck prend ensuite le temps de m'expliquer le déroulement des séances. Il y en aura trois en tout, au cours desquelles elle va procéder à toute une batterie de tests avec Allan. Puisqu'il ne parle pas, c'est à moi qu'elle posera des questions, énormément de questions. Elle me prévient déjà qu'elle ne sera en mesure de poser un diagnostic qu'au troisième rendez-vous. Ensuite, elle m'informe de son tarif. Pour l'intégralité des trois séances, il faut compter trois cents euros. Je suis surprise, mais j'avoue qu'au stade où j'en suis, la question financière me semble complètement annexe.

Quinze jours passent. Ils sont interminables... Je n'imagine même pas dans quel état nous aurions tous été s'il nous avait fallu attendre plus longtemps. Chaque matin, au réveil, je me dis qu'un pas de plus est fait vers un début de réponse. Cela m'aide à tenir. Enfin, le jour du rendez-vous arrive ! Une fois qu'Allan et moi sommes installés dans son cabinet, la psychologue m'interroge sur le parcours de mon fils depuis quasiment sa naissance. En écoutant attentivement mes réponses, elle prend des notes, remplit des grilles, coche des cases. De temps en temps, elle observe attentivement Allan et se remet à écrire dans ses documents. Les quelques tentatives qu'elle peut avoir pour l'inciter à une participation sous forme de jeux ne sont pas toutes suivies, mais bien qu'il ne se montre pas excessivement coopératif, il parvient malgré tout à participer à certaines d'entre elles. De mon côté, je lui expose mes incompréhensions. Bien qu'il n'ait jamais été un bébé bavard, aux alentours de ses 17 mois, Allan parlait un peu. Disons qu'il avait quelques mots à son vocabulaire, alors que maintenant, il ne parle plus du tout. On dirait que pour s'exprimer, il n'a plus le choix qu'entre des cris ou des pleurs. Il semble même incapable de faire un simple oui ou un non de la tête. J'ai enfin la sensation que je peux extérioriser mes inquiétudes, exprimer librement tout ce que je trouve étrange chez mon fils. Je poursuis donc en évoquant le fait qu'il semble ne pas savoir jouer seul, et encore moins avec d'autres enfants, qu'il tapote parfois bizarrement ses pieds, qu'il lui arrive de passer ses ongles sur les papiers peints... J'essaie de ne rien oublier de tout ce que j'ai noté ces derniers mois. Au bout d'environ une heure et demie, la séance se termine.

La psychologue m'indique une date pour le prochain rendez-vous et je commence à rassembler mes affaires. En prévenant Allan que nous allons partir, j'attrape ma veste et mon sac. Mais j'entends Mme Kruck s'adresser à nouveau à moi. Je relève la tête. Elle me regarde et me dit : « Écoutez Madame Ast, je préfère vous prévenir dès maintenant. Il y a quatre-vingt-quinze pour cent de risques pour que votre fils soit dans le spectre de l'autisme. » Je ne saisis pas tout de suite. Je reste à la dévisager, d'un air stupide sans doute. Je ne comprends pas. C'est elle-même qui m'a indiqué que nous n'aurions une réponse qu'au troisième rendez-vous ! Est-ce qu'elle est en train de me dire qu'elle est déjà quasiment sûre ? Mais non ! Pas comme ça ! Pas déjà, pas de cette façon-là ! Toute l'énergie que je peux mobiliser s'efforce de refuser ce qui ressemble à un couperet. J'ai beau afficher une certaine assurance, les douloureuses prises de conscience de ces derniers temps m'ont fragilisée. Sur le moment, je ne sais pas du tout comment encaisser ce qu'elle vient de me dire.

Allan et moi sortons du cabinet. Le tenir par la main, regagner la voiture, trouver mes clés, déverrouiller ma portière, attacher mon fils sur son siège-auto, m'effondrer sur le mien, m'écrouler en larmes au volant… Dès que j'en suis capable, j'appelle Xavier à son travail. Je voudrais pouvoir lui parler normalement, mais je ne peux rien faire d'autre que lui hoqueter cette phrase en boucle : « Il y a quatre-vingt-quinze pour cent de risques pour qu'Allan soit autiste, Xavier. Tu m'as entendue ? Il y a quatre-vingt-quinze pour cent de risques pour qu'Allan soit autiste… » De là où il est, mon mari ne peut pas grand-chose. J'imagine que pour lui aussi c'est violent. Il essaye de me calmer un peu. Je dois faire attention en reprenant la route, on discutera ce soir ensemble lorsqu'il rentrera. Effectivement, il n'est plus temps d'éviter les discussions. Xavier a décidé qu'il viendrait au prochain rendez-vous avec moi. Inutile cependant d'espérer un miracle. Nous n'en avons que trop conscience.

À quelques jours de là, je reçois un appel de ma mère. Comme elle sait que nous rencontrons des difficultés avec Allan, elle me téléphone régulièrement pour prendre des nouvelles. Mais elle n'est au courant de rien. Pour ne pas l'alarmer, je n'ai jamais trop partagé avec elle mes inquiétudes à son sujet. Elle ignore donc tout du rendez-vous avec la psychologue et, à plus forte raison, du demi-diagnostic que celle-ci nous a asséné. En bonne grand-mère, elle vient ce jour-là aux nouvelles de son petit-fils : « Et alors, comment va Allan, me demande-t-elle avec un sourire dans la voix. Est-ce qu'il est dans un bon jour aujourd'hui ? » Maintenant qu'il ne reste qu'une part infime de doutes, j'ai besoin de me confier à elle. J'essaye de lui expliquer : « Maman, tu sais, je crois qu'Allan est autiste… » Mais immédiatement, elle me coupe la parole. « Quoi ? Mais qu'est-ce que tu vas chercher, voyons ! Est-ce que tu veux que je te dise, moi, comment tu étais quand tu étais enfant ? » Je le sais bien comment j'étais. Elle me l'a raconté plusieurs fois déjà. Je sais qu'elle en a bavé avec moi durant mes premières années. Je l'entends qui poursuit : « Je te rappelle que toi aussi, tu as parlé tard. Et quel caractère tu avais ! Dès qu'on te contrariait, tu piquais de ces crises ! En fait, tu sais, tu étais assez infernale. Quand quelque chose n'allait pas, tu allais te frapper la tête par terre, ou même sur les arêtes des murs, tiens ! » Avec ce genre d'arguments, je me rends bien compte qu'elle cherche à me rassurer, à plaider dans le sens de « Allan a hérité du fort caractère de sa mère. C'est pour ça qu'il est un peu difficile à vivre. » Sauf qu'ici, depuis quelques jours, nous avons dépassé ce stade auquel, jusqu'à présent, nous-mêmes avions voulu croire. Nous sommes maintenant dans une réalité qui se situe à des années-lumière de ce genre de discours... Alors, avec le plus de fermeté possible dans la voix, j'arrête le flot de paroles de ma mère. « Non, maman. Il faut vraiment que tu m'écoutes. Je ne t'en ai jamais parlé, mais cela fait des mois que je sens intérieurement que quelque chose ne va pas. Depuis au moins le mois de janvier, en fait. Tu te souviens ? À ce moment-là, j'ai amené Allan chez la pédiatre pour son problème de diarrhée. Eh bien, j'étais déjà inquiète. Depuis des mois, il y a quelque chose que je n'arrive pas à cerner. Il faut arrêter de dire et de penser qu'Allan est capricieux. Cela va bien au-delà ! Si c'était aussi simple, je le saurais. Là, il y a autre chose. Alors, que ça soit de l'autisme ou pas, on n'est pas vraiment sûrs encore. Ce que je sais en revanche, c'est que quelque chose ne va pas. » Je sais que, si je veux que ma mère puisse m'aider, il faut qu'elle sache où on en est et visiblement le message est bien passé. Ma mère, qui me connaît, comprend tout de suite dans quel état je suis. Sa question suivante concerne la date du prochain rendez-vous. Lorsque je la lui communique, sa première réaction est : « Je descends ! » Et effectivement, le lendemain même, elle est à la maison. Quel soulagement de l'avoir près de moi.

Les dernières semaines ont été vraiment éprouvantes. Depuis nos vacances de juin, j'ai l'impression d'être submergée en permanence par des vagues d'inquiétude, de prises de conscience, de doutes, de colère, et pour finir, d'une détresse qui ne va pas me quitter de sitôt. Pourtant, en plein milieu de ces remous, je vois de temps en temps apparaître étrangement des sortes de bouées, ou de balises qui, soit m'indiquent une direction à suivre, soit m'aident à maintenir la tête hors de l'eau. Ce fut par exemple le cas lorsque l'on m'a communiqué les noms du professeur Rogé et de Mme Kruck. L'arrivée de ma mère est également de cet ordre-là. La suivante, c'est une balise qui prend la forme d'un message trouvé un soir sur ma boîte vocale, après être allée chercher Allan à la garderie. Lorsque j'en prends connaissance, j'ai tout à coup l'incroyable impression que c'est le bon Dieu lui-même qui a tenté de me joindre. Il s'agit en effet d'un appel du professeur Bernadette Rogé en personne ! Dès que j'arrive à la joindre, elle m'explique qu'elle a été alertée sur mon cas par l'hôpital de La Grave. J'apprendrai plus tard que c'est la secrétaire elle-même, profondément émue par ma situation, qui a parlé de moi à son chef de service en lui disant qu'il y avait une suspicion d'autisme chez un enfant qui n'a que 2 ans. À l'époque en France, c'était tout à fait exceptionnel. L'éminente psychologue me demande ensuite où j'en suis dans mes recherches, ce à quoi je lui réponds que je viens de rencontrer Mme Kruck pour un premier rendez-vous. « Vous êtes entre de bonnes mains, me confirme-t-elle aussitôt. Il s'agit de l'une de mes anciennes élèves que je connais bien. Elle est, à juste titre, réputée pour poser les diagnostics chez de jeunes enfants. Pas forcément aussi jeunes que le vôtre car votre cas est extrêmement rare, mais vous pouvez avoir toute confiance en elle. » Après le premier rendez-vous, je n'en avais plus vraiment douté, mais venant d'une personnalité comme le professeur Rogé, la confirmation est on ne peut plus rassurante. Toutefois, en m'appelant, elle ne voulait pas uniquement s'informer de là où en était Allan. Ce qu'elle a à me dire, c'est qu'elle souhaite nous rencontrer tous les trois.

Lorsque Xavier et moi allons au rendez-vous qu'elle nous a fixé, elle prend tout d'abord le temps d'observer attentivement Allan. Ensuite, après nous avoir laissé entendre que même sans diagnostic formel, les suspicions à son sujet sont relativement fortes, elle en vient au motif du rendez-vous. Elle nous informe qu'elle travaille depuis environ un an sur un projet de création d'un Sessad [1] qu'elle vient de remporter dans le cadre d'un appel à projet de l'Agence régionale de santé [2]. Nous comprenons alors rapidement où elle veut en venir lorsqu'elle nous explique que son but est de démontrer que dans l'autisme, plus la prise en charge est précoce, meilleures sont les chances en matière d'autonomie une fois parvenu à l'âge adulte. C'est à ce titre-là qu'elle s'intéresse à Allan. Puis elle ajoute : « Bien que l'ouverture ne soit prévue qu'en décembre, je prépare dès à présent la liste des futurs effectifs. Si le diagnostic de votre fils est confirmé, je vous propose de le prendre. J'ai besoin d'une réponse rapide, car nous

1. Service d'éducation spéciale et de soins à domicile.

2. Établissement public administratif de l'État français chargé de la mise en œuvre de la politique de santé dans sa région.

allons bientôt devoir ouvrir une liste d'attente tant il y a de demandes. » Avec Xavier, nous nous regardons. J'ignore ce qui se passe en lui, mais je sais que pour moi cette perspective est incroyable, totalement inespérée ! Exactement le genre de coup de pouce qui, plus tard, va me donner l'envie de dire que, dans mon malheur, j'ai toujours eu beaucoup de chance. Cela ne coûte rien de croire à sa chance, surtout en plein chaos comme c'était le cas à ce moment-là.

Très vite, le second rendez-vous avec Mme Kruck arrive. Xavier, cette fois, est avec moi. Comme la première fois, c'est tout d'abord une succession de questions, de grilles remplies, de cases cochées. Lorsqu'elle en a terminé, elle prend le temps de nous regarder tous les deux dans les yeux, puis elle s'adresse à moi en disant : « Madame Ast, vous aviez raison. Je vous confirme qu'Allan est bien autiste. » Je pensais m'y être préparée, eh bien non. Ces mots viennent directement percuter mon ventre, mes entrailles et sous la douleur je les sens se rétracter. Maintenant, nous savons que c'est sans appel, qu'il n'y aura plus jamais de doutes. Plus rien ne peut nous faire revenir en arrière, il n'y a plus aucune place pour une graine d'espoir. Je voudrais retenir la vague que je sens m'engloutir, celle qui commence sans pitié à écarter de ma vie toute idée même de facilité.

La psychologue nous explique qu'elle est allée plus vite que prévu. Au lieu de trois séances, il ne lui en a donc fallu que deux. Puis, elle commence à nous détailler le résultat des tests. Ils permettent de démontrer chez Allan plusieurs anomalies développementales, tant au niveau de la communication (score de 22, seuil à 10), qu'à celui de ses interactions sociales (score 13, seuil à 7). Elle a décelé également quelques déviances diverses, du retard, et quelques activités répétitives (score à 2, seuil à 3). Le seul domaine dans lequel il se soit montré très performant est celui intitulé « Posture et motricité globale » pour lequel il obtient un total de soixante-douze points. Cela correspond au développement d'un enfant de 2 ans et demi et signifie qu'il n'a aucun problème moteur. Elle ajoute, pour terminer, que notre fils ne présente ni maniérisme, ni stéréotypie du corps, ni préoccupations inhabituelles, ni résistance aux changements. Un instant, nous serions presque tentés de croire que le tableau n'est finalement pas si sombre, mais attention, nous prévient Mme Kruck, dans l'autisme à cet âge-là, rien n'est définitivement acquis...

La date du jour est à jamais gravée dans ma tête. Nous sommes le 24 juillet 2007. Un mois seulement auparavant, nous étions en vacances. C'est à partir de cette fameuse discussion entre Xavier et moi que tout s'est enclenché. Je l'ai, maintenant, la réponse. Reste à savoir quoi en faire. Peu importe pour nous, pour nos projets de vie paisible, pour tout ce que l'on aurait souhaité d'agréable et de sympathique... C'est avant tout à mon fils que je pense. En écoutant la psychologue quantifier ses difficultés, et même si j'ignore absolument tout de ce qu'il va falloir mettre en place pour lui, je le regarde. Comme à son habitude, il est allongé, l'air absent, sur le tapis. C'est mon enfant, c'est mon fils. Mon petit bonhomme que je n'arrive plus à comprendre et que je sens tellement en difficulté. Dans ma tête, je m'adresse à lui et je lui fais une promesse : « Mon cœur… Je ne sais pas quel va être ton avenir, mais la seule chose que je peux te jurer c'est que je serai toujours à tes côtés. Je vais me battre pour toi, pour que ta vie soit la meilleure possible. » Comme si elle avait pu m'entendre, Mme Kruck a une autre information pour nous. Une de celles qui prennent la forme d'une bouée dans ma tête. Une de celles qui vont être si essentielles pour l'avenir d'Allan. « Écoutez, nous dit-elle, je connais quelqu'un qui peut sans doute vous aider pour la prise en charge de votre fils. Il s'agit d'une jeune femme qui revient des États-Unis où elle s'est formée à l'ABA[1] pendant un an. Si l'on veut traduire l'acronyme en français, cela donne Analyse appliquée du comportement. Sachez que c'est une prise en charge qui est pratiquée depuis au moins trente ou quarante ans un peu partout dans le monde, mais surtout au Canada et aux États-Unis. Partout, elle donne des résultats extrêmement bons. Jusqu'à présent, en France, elle était à peu près inexistante. Tenez, voici ses coordonnées. Elle vient juste de rentrer à Toulouse. Vous pouvez la contacter de ma part. »

Voilà, plus de doutes. Terminé. Rien qu'une insupportable réalité. Nous savons l'un et l'autre que notre regard sur Allan vient de changer. Il n'est plus du tout question maintenant d'attendre que notre fils se mette au même rythme que les autres enfants de son âge, de penser qu'il prend son temps pour le faire, d'attendre

1. *Applied Behavior Analyst.*

plus ou moins patiemment qu'un déclic se produise. Non. Maintenant, au contraire, c'est un sentiment d'urgence que je ressens. Je commence seulement à entrevoir toute l'aide dont mon fils va avoir besoin pour se développer, mais je ne mesure pas encore à quel point il part de loin.

5

Les prémices d'un long chemin

Encaisser... Pleurer
Faire barrage à la vérité
Refuser d'y penser
Envisager le mot « autisme »
avec énormément de difficultés
Chercher à l'apprivoiser
Rien d'autre à faire, bien sûr, que d'accepter
Avoir besoin de temps
Et puis changer de peau peu à peu
Se réveiller en guerrière

Tous les possibles d'Allan étant bouleversés, mon regard sur lui s'en trouve modifié. Cependant, ce qui au fond de moi me terrorise, ce n'est pas tant son présent que son avenir. Quel sera plus tard son degré d'autonomie ? Quel type de communication parviendrai-je à établir avec lui ? Existe-t-il pour mon fils d'autres perspectives que celles d'une dépendance à vie ? Assaillie par une foule d'interrogations, je commence à prendre conscience des efforts et des sacrifices qu'il va me falloir faire si je veux changer son destin. En permanence, j'oscille donc entre tristesse, espoir et découragement, entre admettre et (tenter de) refuser. Ces sortes de montagnes russes émotionnelles, qui font irruption dans ce qui était jusque-là une vie bien ordonnée, me donnent parfois l'envie de baisser les bras. Sauf que mon tempérament n'a jamais été de m'apitoyer trop longtemps sur mon sort et que, à partir de maintenant, ma priorité absolue est Allan. Plus rien de ce qui peut m'arriver n'a désormais vraiment d'importance à mes yeux. C'est à lui avant tout que je pense. Des deuils vont peut-être être à faire, mais pour l'instant je n'y suis pas prête. Au fond de moi, il est même déjà évident que jamais je ne le serai. Peu à peu, j'échafaude des plans de bataille dans ma tête. Surtout, ne pas se laisser abattre ! Imperceptiblement, je change peu à peu de peau. Puisque de toute évidence il y aura des combats à mener, l'heure est venue d'enfiler une armure. La guerrière qui sommeillait en moi se réveille…

Jusqu'à présent, ma place dans la société était celle d'une jeune femme plutôt sûre d'elle. Quelqu'un, tout simplement, que son parcours a placé du bon côté de la réussite : une jeune cheffe d'entreprise ravie par l'essor prometteur de son commerce en ligne, une mère de famille attentive et comblée par ses deux enfants. Depuis l'annonce du diagnostic, cet horizon serein est en train de sombrer. Depuis quelques semaines, et c'est nouveau pour moi, il m'arrive de me sentir extrêmement fragile. J'ai la certitude à présent qu'un mur invisible me sépare d'Allan et cette réalité m'est insupportable.

Il me semble que ce qui m'arrive est injuste. Dans ces moments-là, un souvenir me revient souvent en tête. Presque dix ans plus tôt, je me revois encore promenant Joanne bébé dans sa poussette sur les quais à Paris. Devant moi, un couple tenant par la main un enfant visiblement handicapé. Au moment de les croiser, je me souviens fort bien m'être dit que si un jour j'étais à leur place, jamais je ne le supporterais. Sauf que maintenant j'y suis, à leur place, et qu'il va bien falloir faire avec. À mon tour, maintenant, d'affronter le regard des autres, leur jugement… Car même lorsqu'on a un enfant autiste, on a des courses à faire comme tout le monde. Et j'ai beau mettre systématiquement Allan dans sa poussette pour éviter qu'il ne s'enfuie, parfois il hurle ou se débat tellement que je suis obligée de le détacher. Alors, au lieu de remplir mon panier, je passe mon temps à courir derrière lui pour l'empêcher de toucher à tout, ce qui déclenche souvent une nouvelle crise. Lorsque cela se produit, c'est-à-dire presque à chaque fois, il lui arrive aussi de se coucher par terre et de se mettre à me taper. Je ne compte plus les fois où j'ai été obligée d'abandonner mes courses sur place pour sortir du magasin avec mon fils en crise. Que le regard des autres peut être pesant dans ces circonstances ! Comme il peut être froid et facilement désapprobateur. Je les vois bien se dire qu'à ma place… Ma place ? Est-ce qu'ils la veulent, ma place ? C'est tellement simple, de l'extérieur, de penser que je suis une mauvaise mère ou qu'Allan est un enfant mal élevé…

Moi-même à l'époque, j'ignore encore presque tout des spécificités de l'autisme et je suis encore loin d'avoir compris que si Allan se met dans de tels états, c'est parce qu'il se sent littéralement agressé par la foule, par tous ces bruits, toutes ces lumières et par toute cette agitation des gens autour de lui... Cette énorme surcharge sensorielle ne lui donne qu'une seule envie : fuir ! Dans les premiers temps, ce genre d'expériences est pour moi extrêmement difficile à vivre. D'autant plus qu'elles se renouvellent très souvent. Alors, peu à peu, une sorte de carapace parfaitement hermétique commence à se former autour de moi. Elle me permet, sans trop d'états d'âme, d'affronter au quotidien toutes les situations banales que l'autisme d'Allan vient souvent compliquer. À tel point que désormais, le seul jugement qui compte c'est le mien et plus jamais je n'accepterai que celui des autres ait une prise sur moi. À partir de maintenant, le reste du monde va pouvoir porter sur mes actes le jugement qu'il souhaite, jamais il ne saura à quel point il est éloigné de ma réalité. Cette réalité qui, tout d'abord, nécessite que je reprenne le dessus. Chaque jour qui passe a un poids spécial. Parfois, certains soirs, il m'arrive désespérément de chercher quel a été le progrès de la journée, quelles ont pu être les avancées. Plus les jours défilent, plus je comprends que si je veux qu'Allan progresse – et je ne veux que ça – il va falloir affronter l'administration française et supporter certaines personnes qui considèrent que l'autisme est une part de leur fonds de commerce. Le diagnostic désormais établi, ma première mission consiste à remplir des pages et des pages de documents administratifs et à programmer une foule d'examens médicaux. Les premières prises de rendez-vous sont extrêmement douloureuses. Combien de fois, au moment d'expliquer les raisons de mon appel, les mots me sont-ils restés dans la gorge ? Combien de fois ma voix s'est-elle cassée ? Me caler sur la bonne intonation va me demander un long entraînement…

Peu à peu, émerge une nouvelle certitude : pour parvenir à prendre les bonnes décisions, il me faut absolument avoir fait le tour du sujet. Cela signifie repasser à l'action et consacrer à nouveau mes nuits à de multiples recherches, tant sur des sites francophones qu'anglophones. Cette fois-ci, le véritable état des lieux de l'autisme en France auquel je me livre me permet de comprendre qu'en matière de prises en charge efficaces, nous avons au moins quarante ou cinquante ans de retard par rapport à d'autres pays. Non seulement je trouve cela injuste, mais c'est révoltant. D'ailleurs, c'est ce que me confirme au téléphone Christelle, la jeune femme que la psychologue m'a conseillé de contacter. Elle s'est formée à l'ABA aux États-Unis durant un an. Il s'agit d'une science peu connue en France, mais pratiquée là-bas depuis déjà de nombreuses années et qui donne d'excellents résultats. En fonction des capacités et des besoins spécifiques de la personne autiste, un programme individuel est mis en place pour lui permettre d'adapter son comportement tout en l'aidant à développer ses compétences. Assez rapidement, afin de réaliser un premier bilan des besoins d'Allan, la jeune femme vient le rencontrer à notre domicile. Ce sont ses conclusions, ainsi que le devis de prise en charge qu'elle va rédiger, que je dois joindre au dossier MDPH[1] que je suis en train de remplir.

1. Maison départementale des personnes handicapées. Dans chaque département, les MDPH accueillent, informent, accompagnent et conseillent les personnes handicapées ainsi que leurs proches et leur attribuent des droits.

S'il y a bien une chose dont m'a convaincue ma collecte d'informations nocturnes, c'est à quel point le jeune âge d'Allan constitue un véritable atout. À 2 ans en effet, son cerveau est encore largement malléable. Plus la prise en charge sera précoce, plus il aura de chances d'évoluer favorablement, ce qui me donne parfois l'impression d'être engagée dans une véritable course contre la montre. Encore faut-il en avoir les moyens financiers... Mais hors de question de perdre du temps. Sans même attendre que le dossier MDPH soit traité – et malgré le coût que cela peut représenter – avec Xavier nous décidons que Christelle viendra à la maison trois heures par semaine. Dès le premier jour, grâce à ses explications, je prends tout à coup réellement conscience que tout ce qui est habituellement inné chez un enfant ne l'est pas chez Allan ; il va falloir tout lui apprendre. Lui apprendre à communiquer, lui apprendre à imiter, et même lui apprendre à apprendre... Si on veut le voir progresser de manière satisfaisante, il n'y a vraiment pas de temps à perdre.

À mon grand étonnement, les séances des quinze premiers jours avec elle n'ont qu'un seul objectif : amener mon fils à accepter de s'asseoir à une table. Christelle m'explique qu'il s'agit d'un préalable indispensable pour les futurs apprentissages. Cela a beau paraître facile, la mission semble pourtant impossible car dès qu'Allan saisit le sens de la demande qui lui est faite il entre en opposition. Il crie, hurle, tape, envoie voler tout ce qui se trouve à sa portée ! Et si par malheur on veut intervenir, il se débat furieusement. Visiblement, ces séances sont éprouvantes pour lui. Mais ô combien le sont-elles pour moi aussi ! De nous trois, Christelle est la seule à avoir le recul nécessaire – sans parler d'une assurance inébranlable – pour savoir que ce qu'elle lui impose maintenant va bientôt lui permettre de progresser. Puis enfin, après des jours et des jours des mêmes scènes désespérantes, la situation se débloque : pour la première fois Allan accepte de s'asseoir à table. Quelle victoire ! Un pas essentiel pour la suite de sa prise en charge vient d'être effectué. Alors, certes, c'est une grande victoire... Mais elle a demandé tant d'efforts qu'au fond de moi j'en viens à redouter que chaque prochaine étape soit du même acabit. Fort heureusement, ce ne fut pas toujours le cas.

L'objectif suivant de Christelle est de faire entrer Allan dans un processus de communication. Pour y parvenir, elle préconise une prise en charge en orthophonie destinée à appuyer le dispositif qu'elle souhaite mettre en place et qui est connu sous son acronyme anglais de PECS[1]. En français, cela donne assez explicitement « Système de communication par échange d'images ». En prenant conscience de ce dont il s'agit, mon premier réflexe est de m'étonner que le simple fait de manipuler des images ou des pictogrammes puisse un jour amener Allan à parler. Ce à quoi Christelle me répond gentiment qu'il doit déjà acquérir la notion de communication. C'est vraiment par là qu'il faut commencer.

C'est donc grâce à Christelle que je parviens enfin à décoder certains comportements de mon fils. C'est elle qui m'éclaire sur le fait que s'il se met dans tous ses

1. *Picture exchange communication system.*

états, qu'il hurle et jette tout ce qui se trouve à proximité, c'est aussi parce qu'il ne sait pas exprimer ses besoins. Depuis toujours, il ne dispose que de quelques syllabes ou de quelques vocalises qui n'ont aucun sens, ce qui pour lui doit être insupportable. S'il désire quelque chose, par exemple, soit il m'y amène en me tirant par le vêtement, soit il se sert de ma main pour me montrer ce dont il a envie. En me faisant remarquer que jamais il ne pointe du doigt lui-même, Christelle m'apprend qu'il s'agit là d'une caractéristique que l'on retrouve chez la plupart des enfants autistes. Le fait, pour eux, de se servir d'une autre main que la leur pour attraper un objet est d'ailleurs appelé la « main outil ». En y réfléchissant un peu, je m'aperçois qu'Allan agit effectivement ainsi pour ses besoins personnels : lorsqu'il a faim et qu'il veut un gâteau, ou s'il veut un jouet qui se trouve hors de sa portée. Mais on dirait que ses besoins s'arrêtent là. En dehors de ça, les quelques interactions qu'il peut avoir avec le monde extérieur sont très limitées, y compris avec son frère et sa sœur, ce qui les frustre énormément. Alexis n'étant pas avec nous tous les jours, des deux Joanne est celle qui le côtoie le plus. Âgée de 9 ans à la naissance de son frère, ma fille aînée a pris plaisir dès le départ à s'occuper de lui. D'abord pour lui donner le biberon puis, plus tard, à l'occasion, pour lui changer la couche ou lui donner le bain. Dès le début, elle et Alexis ont tenté de jouer avec leur petit frère, ne se décourageant jamais, cherchant toujours de petites victoires derrière certaines déceptions. Chacun d'entre eux aurait tant aimé entendre Allan prononcer son prénom ! Mais, tout comme Xavier et moi, ils sont souvent restés démunis et désemparés.

Dès le départ, Christelle instaure un véritable processus de guidance parentale. Cela signifie que jour après jour, en m'incluant dans ce qu'elle met en place, elle me forme et me donne des outils qui me permettent d'agir une fois qu'elle est partie. Je suis extrêmement avide de comprendre et de participer car je vois bien que grâce à l'ABA, Allan commence à faire des progrès. Pour ce qui est du PECS, celui-ci ne comporte au départ que trois photos, représentant chacune l'un de ses principaux centres d'intérêt : l'ordinateur, son doudou et les chips, un aliment dont il a toujours été très friand. Cependant, au stade où nous en sommes, instaurer chez lui cette notion primordiale de communication demande de tout décomposer : premièrement, il faut lui montrer la photo, puis, en guidant sa main pour la lui faire prendre, il faut chaque fois verbaliser la transaction : « Tu me donnes le picto de la chips, et moi je t'en donne une. » Cette première étape ne va consister qu'en cela : instaurer chez lui le sens du : « Tu me donnes et je te donne. » Autant la précédente, celle du : « S'asseoir à table », a été longue et particulièrement pénible, autant là Allan comprend très vite ce principe, pourtant très nouveau pour lui. Une fois cette routine de communication parfaitement installée, soucieuse d'amener mon fils sur la voie du langage oral, je commence à complexifier mes demandes. Au contraire de la précédente étape, celle-ci s'avère être d'une extrême difficulté pour Allan. Il s'agit pour lui d'un énorme effort à faire, déclenchant à chaque fois de véritables crises de rage que j'affronte du mieux que je peux. J'ai beau le voir pleurer, hurler, me taper violemment, se jeter par terre ou tout envoyer valser, je ne lâche pas. Si j'agis ainsi, c'est qu'au fond de moi je sais qu'il peut y arriver, et que c'est incontournable pour son avenir. Désormais, pour qu'il reçoive ce qu'il demande, la nouvelle règle que je lui impose est de produire un son en rapport avec ce qu'il souhaite. Si par exemple il veut son doudou, ce sera le son « ou », le son « ch » s'il a envie de chips, ou bien « teu » s'il désire passer du temps à l'ordinateur. En tout cas c'est ce à quoi j'aimerais qu'il parvienne. Sauf que les premiers temps, cela s'avère si compliqué pour lui qu'il obtient ce qu'il demande en ayant seulement placé ses lèvres correctement. Tandis que les miennes prononcent le mot à plusieurs reprises, ses yeux à lui y sont accrochés pour tenter de placer les siennes de la même façon. Visiblement, c'est déjà pour lui un très gros effort. Les premiers temps, lorsqu'un son parvient à sortir, il arrive souvent que ce ne soit pas le bon. Mais pour moi peu importe, il suffit qu'Allan ait fait l'effort d'essayer.

Une fois acquise la parfaite certitude qu'il sait désormais prononcer toutes sortes de sons, le niveau de mes exigences s'élève encore : pour obtenir ce qu'il souhaite, je lui demande à présent de prononcer le son adéquat. Bien évidemment il n'en a pas toujours envie et les crises que cela déclenche sont encore une fois innombrables. N'empêche que peu à peu nous progressons. Laissant de côté ce que mon cœur de mère peut ressentir à le voir aussi mal, mon attention se concentre sur le fait qu'il est impératif pour lui de se mettre à parler. Mais cela va prendre des années… À tel point qu'il nous faudra patienter jusqu'à ses 5 ans pour qu'Allan commence à prononcer aisément certains mots contenant trois syllabes… J'ai beau me sentir épuisée, je persiste et n'abandonne jamais. C'est ainsi que, au fil du temps, le son ou la syllabe finissent par sortir. Chaque fois c'est une petite victoire ! Sans compter qu'ensuite les premiers mots entiers arrivent... Peu à peu, à force de patience et d'endurance, le langage parlé se débloque. L'intérêt de communiquer peut prendre tout son sens. D'ici quelques mois, lorsque le principe de la communication visuelle sera bien maîtrisé, nous pourrons également élargir les domaines représentés sur les pictogrammes. Nourriture, activités, émotions, hygiène et autres, triés par thème dans un petit classeur, lui donneront la possibilité de se faire comprendre de manière un peu plus élargie. Ce qui aura pour conséquence immédiate, et fort appréciable, une baisse de ses troubles du comportement. Avec toutes les connaissances que j'ai aujourd'hui, je suis absolument convaincue que, si je n'avais pas agi ainsi, Allan n'aurait jamais parlé.

Quelques mois après son retour des États-Unis, Christelle avait entrepris de constituer autour d'elle une solide équipe sur qui s'appuyer dans le suivi de ses patients. Aussi vient-elle assez rapidement à la maison accompagnée de Stéphanie et de Lætitia, deux jeunes femmes qu'elle est en train de former et qu'elle charge d'appliquer le programme mis en place. Bien que poursuivant elle-même ses interventions auprès d'Allan, ce sont elles maintenant qui assurent l'essentiel des prises en charge. De mon côté, je m'empresse de relancer le professeur Bernadette Rogé. Fort heureusement de son côté rien n'a changé, et sa proposition d'inclure Allan dans l'effectif du Sessad qui doit ouvrir en décembre est toujours d'actualité. Mais pour qu'il puisse y être intégré, il faut que j'avance dans mes démarches administratives et que je termine de remplir le fameux dossier de la MDPH. Je me retrouve alors plongée dans un véritable enfer administratif. C'est déjà en soi un choc d'apprendre que son enfant est autiste. Pour toutes les familles, la période entourant le diagnostic est déjà suffisamment perturbée et douloureuse, sans avoir en plus à faire face à des soupçons de mensonge dont le but serait de chercher à toucher indûment certaines prestations. C'est tout bonnement indécent. Malgré tout, nous voilà contraints de joindre à notre demande un certificat de ceci, une attestation de cela... De toute urgence il faut faire établir le caryotype de son enfant, ainsi qu'un électroencéphalogramme, deux nouvelles épreuves dont je me serais fort bien passé. Concernant la seconde, il s'agit d'un EEG de sommeil, ce qui signifie amener Allan à l'hôpital en début de soirée, le voir protester, se débattre avec le personnel censé lui fixer des électrodes sur la tête, lui qui habituellement ne supporte ni casquette ni qu'on lui enfile un tee-shirt. Cela dit, le personnel de l'hôpital doit avoir l'habitude car je les trouve patients, bienveillants même, bien que le moment de l'endormissement soit très éprouvant. De mon côté, bien sûr, je ne ferme pas l'œil de la nuit. Au final, l'examen se révèle normal pour son âge. En tout cas, il ne montre rien de nature à expliquer ses troubles du langage. La prise de sang, elle, vise à établir un bilan génétique avec caryotype pour rechercher un éventuel syndrome de l'X fragile [1] ou une délétion 22q11 [2]. L'ensemble étant destiné à cibler les raisons des retards observés chez Allan. Là non plus,

1. Une maladie génétique rare associée à une déficience intellectuelle qui peut être associée à des troubles du comportement et à des caractéristiques physiques.

2. Affection due à la perte d'un petit fragment du chromosome 22.

rien d'anormal n'est détecté. Mais si je me réfère à l'état de la science dans ce domaine à l'époque, il y avait peu de chances que ce soit le cas. C'est aussi en gros ce que m'explique le généticien chargé de m'annoncer les résultats. Selon lui, il est peu probable que l'anomalie génétique présente chez Allan soit détectable avant cinquante ou cent ans. Et je dois dire que c'est une nouvelle que j'encaisse très difficilement. Dans mon esprit, cela sonne à son encontre comme une condamnation supplémentaire. Si encore il y avait eu un « ennemi » à cibler, toutes sortes de batailles auraient pu être envisagées. Alors que là, il semble n'y avoir rien à faire... C'est comme si tout à coup la médecine m'abandonnait, ou plutôt, bien sûr, comme si c'était mon fils qu'elle abandonnait. Comme si on me demandait d'admettre que, de mon vivant en tout cas, il est à peu près sûr qu'on ne trouvera pas de remède à sa forme d'autisme. Après le choc du diagnostic, cette annonce est la deuxième grosse claque que je me prends. Mais depuis, mon point de vue sur le sujet a complètement changé. Pour moi, maintenant, il n'y aurait plus aucun intérêt à renouveler ce type d'examen, d'autant que la personne qui m'a fait changer d'avis, c'est Allan lui-même. Désormais, loin de regretter que la médecine ne sache pas « soigner » son autisme – et j'emploie à dessein le terme « soigner » bien qu'il ne s'agisse pas d'une maladie –, mon plus grand regret est que la société ne sache pas se soigner elle-même. Qu'en aucune façon elle ne soit encore parvenue à modifier son regard sur l'*anormalité* et qu'elle fasse des personnes autistes comme de toute personne atteinte de handicap un paria. À mon sens, génétique ou pas, l'anomalie est là. Au lieu de dépenser chaque année des sommes faramineuses pour tenter d'éradiquer leurs différences, ne serait-il pas au contraire plus intéressant de consacrer celles-ci à l'intégration des personnes à particularités ? En l'état actuel des choses, s'il existait un « remède », je le donnerai à Allan uniquement s'il me le demandait et s'il considérait que c'était vraiment « vital » pour lui. Car sans aucun doute, et c'est bien malheureux, dans une société telle que la nôtre il est plus simple d'être « normalisé ». En revanche, pour moi comme pour tous ceux qui l'aiment, qui connaissent toute la délicatesse de sa personnalité, qui le comprennent et qui apprécient ses moindres facettes, faire en sorte qu'Allan soit normalisé reviendrait à effacer les particularités que nous aimons tant chez lui. Sans aucune hésitation, j'affirme aujourd'hui que l'autisme de mon fils fait partie intégrante de sa personnalité. C'est même exactement ce qui fait de lui la personne si *extra-ordinaire* qu'il est.

Pour en revenir au déroulement de mes journées, elles sont interminables. Très prometteur, le développement de mon entreprise nécessiterait que je m'y consacre à plein temps, mais la nounou à qui nous avons appris le diagnostic nous a gentiment fait comprendre qu'elle ne se sent pas de taille à accueillir un enfant avec ce type de handicap. Allan passe donc davantage de temps à la maison avec moi et ne me restent de libres que les quelques heures par semaine où il peut encore aller à la halte-garderie, car l'équipe continue de l'accepter avec plaisir. Accaparé par les prises en charge qui se mettent en place, ainsi que par les démarches administratives, mon emploi du temps est si surchargé que les commandes de mes clients sont souvent reléguées au second plan de mes priorités. Très souvent, il faut que j'attende la nuit et le peu de calme qu'elle apporte pour parvenir à les traiter sans accumuler trop de retard. Du coup, c'est mon temps de sommeil qui passe en dernier, d'autant que les quelques heures où je pourrais enfin dormir sont systématiquement entrecoupées par les multiples réveils d'Allan qui semble ne plus faire la différence entre le jour et la nuit. Autant tout bébé il dormait facilement douze heures d'affilée, autant maintenant il se réveille deux ou trois fois par nuit, se levant tout à coup pour se mettre à jouer ou à déambuler dans la maison. Et à chaque fois, il me faut quasiment une heure pour parvenir à le rendormir…

Examens et analyses effectués, le dossier MDPH finit donc par être bouclé. J'y joins bien évidemment le diagnostic de Mme Kruck et, en plus de diverses factures liées au handicap d'Allan, le devis pour la prise en charge de Christelle. Je précise également que j'ai besoin d'une notification d'orientation vers le Sessad du professeur Rogé et que je sollicite l'AEEH – Allocation d'éducation de l'enfant handicapé – destinée à couvrir une partie des frais de prise en charge ABA. Au moment de l'expédier, j'ai encore la naïveté de croire que la suite sera simple… Afin d'étudier mon dossier, la MDPH me demande de recevoir à mon domicile une équipe de professionnels chargés de vérifier de visu si tout ce que j'y ai indiqué correspond bien à la réalité. À deux reprises j'ai subi ce genre d'inspection et chacune m'a laissé la même sensation de malaise. Lors de la première, la blessure du diagnostic est encore particulièrement à vif. J'ai l'impression d'avoir au front une étiquette portant la mention

« Fragile ». À mes yeux en tout cas, il est évident que je le suis. Si j'ai rempli ce dossier c'est effectivement que j'ai besoin d'aide. Or l'équipe qui se déplace chez moi semble prête à tout sauf à m'aider. Cela a plutôt des airs de tribunal. Là où on aurait pu penser que les résultats des examens que vient de subir Allan seraient suffisants, ce n'est visiblement pas le cas. Sans aucun égard pour la peine que je ressens, il faut que j'étale ma vie entière sous leurs yeux, que je leur explique mes difficultés d'ordre général, mes difficultés financières face au coût des prises en charge… Pour couronner le tout, la MDPH a bien stipulé qu'Allan devait être présent ce jour-là. Ma colère n'est pas loin. J'imagine que si en supplément mon fils pouvait faire une belle crise, les doutes seraient entièrement levés. Durant toute la visite, l'espèce de voyeurisme malsain dont je suis la cible est écœurant, inapproprié, absolument incorrect. Et la suite des événements ne s'avère pas plus reluisante. Quelques semaines plus tard, on m'annonce par courrier que mon dossier MDPH est rejeté. En fait, ce n'est pas tant le dossier en lui-même qui est refusé, mais le fait que le diagnostic ait été posé par une psychologue et non par un médecin. On m'indique donc qu'il y a lieu de faire attester celui-ci par un pédopsychiatre, ce qui, je l'apprendrai plus tard, est complètement illégal. Il aurait tout aussi bien pu être validé par un pédiatre, ou même par un généraliste. Un nouveau rendez-vous à prendre ? Que ce soit du temps perdu ils s'en fichent bien, de toute façon ce n'est pas le leur. Comme je n'ai pas de pédopsychiatre dans mes connaissances, je consulte un annuaire et pof, celui sur lequel mon doigt se pose sera le bon. Enfin « le bon »… façon de parler. Afin d'éviter d'éventuelles poursuites, je vais taire son nom, mais il mériterait vraiment d'être dénoncé publiquement.

Étant donné que le diagnostic est déjà posé, ce rendez-vous est pour moi une simple formalité. Tout ce dont j'ai besoin, c'est d'une validation, rien d'autre. Le jour du rendez-vous, j'expose donc au pédopsychiatre les raisons de ma venue. Il me faut ensuite répondre à ses innombrables questions. De son côté, Allan entreprend d'explorer les lieux de manière assez ravageuse ce qui, étrangement, ne déclenche en face ni regard ni aucune réflexion. À la fin de la séance, un second rendez-vous est proposé. Même topo ce jour-là, avec encore une foule de questions. Sachant que je suis chez un psychiatre, je ne m'attarde pas trop sur le fait que certaines d'entre elles me semblent bizarres. Toutefois, lorsque j'entends qu'il parvient à guérir des enfants hyperactifs uniquement en faisant lire à leurs parents un certain ouvrage, des signaux d'alerte commencent à s'allumer dans ma tête. D'autant que pendant ce nouvel entretien, Allan a tout renversé sur son passage, sans avoir encore pu attirer l'attention de ce médecin. Troisième rendez-vous, nouvelle rafale de questions. Mon sang commence sérieusement à bouillir… Cette fois, au lieu de répondre, je réexplique dans quel cadre je suis venue et qu'il ne s'agit que d'une formalité. Afin de valider un diagnostic qui a déjà été posé, je n'ai besoin que d'une signature au bas d'un document. Est-ce dans ses capacités ? J'en profite pour lui faire remarquer que l'on se voit pour la troisième fois, et que je ne l'ai jamais vu jeter ne serait-ce qu'un regard sur mon fils. À ce moment-là – et je jure que je n'ai rien inventé – je vois le psychiatre se caler dans son fauteuil et je l'entends me dire : « Écoutez, Madame, j'ai parfaitement compris votre demande. Cependant, je vais vous dire une chose : ça fait vingt ans que je fais ce métier. Eh bien en vingt ans, je n'ai jamais rencontré une seule mère d'enfant autiste qui ne soit pas à moitié folle. Or, comme ce n'est visiblement pas votre cas, votre fils ne peut pas être autiste. » Sur le coup je suis littéralement choquée ! Une logique de ce genre, surtout chez un psychiatre, me semble complètement ahurissante. Dans le même temps, je commence à paniquer. Autant au départ j'ai eu du mal à admettre le diagnostic – et soyons clairs qu'admettre pour moi n'est pas tout à fait synonyme d'accepter – autant maintenant je n'ai plus aucun doute. Or je sais pertinemment que si le diagnostic d'Allan n'est pas validé, il perd sa place au Sessad en décembre. Tout son avenir est en jeu, et ça il en est hors de question ! À toute vitesse, j'essaie d'organiser mes idées. Que faire pour contrer ce genre d'argument ? La seule réaction qui me vienne à l'esprit est d'entrer dans la logique du psychiatre afin de le manipuler à mon tour et faire en sorte qu'il aille dans mon sens. Raison pour laquelle, prenant un air un peu égaré, je lui réponds : « Alors, si je vous suis bien… si Allan est bel et bien autiste – ce dont je suis convaincue et qui a été confirmé – cela voudrait dire que… je suis folle ? C'est de ma faute, c'est ça ? » Et là, choquée, ulcérée, j'entends le praticien me répondre : « Ah, dans ce cas-là c'est possible, oui… » Voyez-vous, face au diagnostic, on s'est déjà mille et mille fois posé la question de sa propre responsabilité dans l'autisme de son enfant. « Ai-je trop fait ceci, ou pas assez cela ? » À ma connaissance, aucun parent d'enfant différent n'échappe à ce douloureux questionnement. Cheminer vers l'acceptation nous rend forcément fragiles pendant un long moment et il arrive que l'on ait besoin d'aide. Aussi, lorsqu'on se retrouve face à un professionnel qui tient ce genre discours, je vous jure qu'il y aurait vraiment de quoi porter plainte. Mais sur le moment, j'ai beau me sentir écœurée, je n'en perds pas de vue les intérêts d'Allan. C'est une signature que je suis venue chercher, je ne sortirai pas sans l'avoir obtenue, même si pour l'obtenir il va falloir la jouer fine. J'attire donc l'attention du psychiatre sur le comportement de mon fils, comportement qui, jusque-là, n'a jamais semblé l'intéresser. Je lui fais remarquer à quel point il va mal, qu'il faut absolument qu'il puisse intégrer le Sessad, mais que pour cela j'ai besoin de sa signature. Et au comble de l'écœurement, je l'entends me répondre : « Voilà, vous avez bien compris. Pour que votre fils aille mieux, il faut que nous travaillions ensemble. Voici ce que je vous propose : vous prenez l'engagement de venir me voir en séance une fois par semaine pendant un an et je vous signe ce papier. » L'issue est en vue ! Prenant mon air le plus sincère, je réponds que je suis tout à fait d'accord. En lui tendant le document à signer, j'essaie pourtant de ne pas croiser son regard. Mes yeux le fusilleraient tellement qu'il s'apercevrait du dégoût qu'il m'inspire. Mais son visage à lui n'affiche rien d'autre qu'un air satisfait. Et il faut dire qu'il y a de quoi : contre une seule signature, il vient d'obtenir une rente d'une séance par semaine pendant un an. Plutôt juteux, non ? Le document signé, je prends mon fils sous le bras et je sors. Bien évidemment je n'y retournerai jamais.

Sur le moment, seul le fait d'obtenir cette signature me semble important. C'est exactement ce que signifie « passer au second plan dans sa propre vie ». Peu importe par quel chas d'aiguille il faut se faufiler, le bien-être d'Allan est plus important que tout. Heureusement pourtant, je peux appeler ma mère en rentrant chez moi. Tellement de doutes encore, enfouis dans certains recoins, un fond peut-être de culpabilité déplacée… « Maman, tu crois que c'est de ma faute ? Que c'est parce que j'ai créé mon entreprise ? Que je n'ai pas été aussi disponible que j'aurais dû l'être… Tu crois que j'ai traumatisé Allan en me remettant à travailler après avoir passé un an à m'occuper de lui ? » Par chance, ma mère est une femme intelligente. Elle sait très vite me remettre les idées en place, en profitant au passage pour m'ouvrir les yeux sur le fait que ce psychiatre est un véritable abruti. Et si j'avais été plus fragile ? Et si je m'étais laissée convaincre de suivre un an de thérapie avec lui ? Dans quel état aurais-je été à la sortie ? Mais lui, bien entendu, ne sera jamais visé par une inspection des services de la MDPH. C'est aux mères qu'on réserve cela. Ce sont elles, prétendument, qui sont nocives…

6

Pallier les carences de l'État

À l'issue d'une véritable course contre la montre pour obtenir le précieux sésame permettant à Allan d'intégrer l'effectif du Sessad, j'adresse à la MDPH le document signé et reçois leur aval dans les temps. Bien qu'il ne s'agisse que d'une prise en charge de neuf heures – soit trois heures, trois fois par semaine, seul quota financé par l'État –, le sentiment qu'enfin les choses s'enclenchent dans le bon sens est réconfortant. Constater qu'une équipe de professionnels se constitue peu à peu à nos côtés l'est tout autant. Mon espoir est que, grâce à leur aide, Allan et moi serons à même de mener toutes les batailles, toutes celles du moins qui seront nécessaires pour que son avenir soit le meilleur possible. Peu à peu, ma voiture se transforme en une seconde maison car tout au long de la semaine je multiplie les allers-retours pour l'accompagner au Sessad, chez l'orthophoniste et chez la psychomotricienne, à quoi viennent s'ajouter les séances ABA que Stéphanie et Lætitia poursuivent à domicile. Mon quotidien a beau être désormais entièrement morcelé en fonction du programme de mon fils, peu m'importe. D'une part parce que, ayant la chance d'être mon propre patron, j'ai également celle de pouvoir adapter mes horaires aux contraintes de mon environnement ; d'autre part parce que mon fils est devenu ma priorité absolue. Donc grâce à ma relative flexibilité, dès qu'Allan passe la porte de l'intervenant avec lequel il a rendez-vous, j'extrais « mon bureau » de ma sacoche d'ordinateur et me mets au travail. Que ce soit dans la salle d'attente de l'orthophoniste ou dans une pièce réservée aux parents dans l'enceinte du Sessad, je m'immerge le plus hermétiquement possible dans le développement de mon activité : bilan comptable, réassort des stocks, suivi des commandes clients, quête de nouveaux produits, etc.

Dans cette structure qui vient d'ouvrir, la prise en charge psychoéducative dont il bénéficie est assez différente de la méthode ABA. Cependant, même si tout ce que je peux lire à ce sujet préconise de n'opter exclusivement que pour l'une ou pour l'autre, mon intuition pressent au contraire qu'elles peuvent parfaitement être complémentaires. D'ailleurs, ni Christelle ni l'équipe sur place ne voient *a priori* d'inconvénient à ce que chacune soit menée de front avec l'autre. Ce qui m'amène à penser que les deux peuvent se compléter, c'est que là où la méthode ABA demande à l'enfant de s'adapter à son environnement, la méthode TEACCH [1], mise en place au Sessad, préconise l'inverse. L'objectif ici étant de structurer au maximum son environnement, on aménage les éléments qui entourent l'enfant en tenant compte de ses

1. *Treatment and Education of Autistic and related Communication handicapped CHildren* (Traitement et éducation des enfants autistes ou atteints de troubles de la communication associés).

spécificités propres. Ici également, l'entière collaboration avec les parents est préconisée. Dans cette nouvelle organisation qui se met en place, une réelle cohésion existe entre tous les professionnels, et malgré différents lieux de prise en charge, chaque intervenant travaille en concertation avec les autres, ce que j'apprécie au plus haut point. Parfois pourtant, certaines réalités douloureuses persistent à m'assaillir et dans ces moments-là, je me sens comme écartelée entre deux vérités. D'un côté, les récents progrès d'Allan permettent un relatif optimisme : il sait maintenant s'asseoir à table, communiquer sur quelques-uns de ses besoins, se rendre volontiers dans les salles de travail et participer aux différentes activités que lui proposent éducatrices, psychologues, orthophonistes ou psychomotriciennes. Bientôt, il sera même capable d'y montrer une sorte d'enthousiasme ! En regard de quoi, il m'arrive aussi parfois de glisser dans une sorte de marasme à l'idée de la masse d'énergie qu'il faudra déployer pour chaque prochaine avancée. Ce qu'il est en voie d'acquérir me renvoie immanquablement à ce qu'il ne maîtrisera jamais spontanément. Nous sommes maintenant en fin d'année 2007. Allan a 2 ans et demi. L'imitation, censée être une compétence innée de l'enfant, n'existe quasiment pas chez lui. Cela peut sembler anecdotique, mais constater qu'il ne sait ni faire « au revoir » de la main, ni manifester son accord ou son désaccord par un « oui » ou un « non » de la tête, me choque. Même s'il semble comprendre le sens de ces mots lorsqu'ils s'adressent à lui, il est tout à fait incapable de les reproduire par geste à bon escient. En situation, nous avons beau y associer systématiquement les signes de tête correspondants, rien n'y fait. On dirait qu'ils n'ont aucun sens pour lui. D'ailleurs plus tard, lorsque nous entendrons enfin ces deux petits mots sortir de sa bouche, nous aurons malgré tout longtemps le sentiment qu'il les prononce au hasard ; un peu comme s'il avait une chance sur deux de tomber juste. Plusieurs mois s'écouleront avant que nous soyons sûrs qu'Allan a réellement exprimé sa pensée en disant « oui » ou « non ». Dans un autre registre, manger seul lui est impossible. Une guidance physique est encore nécessaire pour l'aider à manier ses couverts. Autant il sait boire au verre, autant il est incapable de se servir d'une paille. Sans que je sache vraiment m'expliquer pourquoi, ce fait me semble loin d'être anodin car j'ai conscience qu'il s'agit d'une compétence qui s'acquiert, mais ne s'apprend pas. Tout enfant lambda y parvient un jour par imitation ou par intuition vers l'âge de 18 mois, or pour mon fils ce ne sera pas le cas. À mes yeux, c'est extrêmement révélateur de tout ce qu'il va falloir l'aider à accomplir. Ce sera aussi un choc pour moi de découvrir dans quelques mois qu'Allan ne sait pas souffler les bougies sur le gâteau d'anniversaire de ses 3 ans… Un certain nombre d'heures, là encore, seront nécessaires pour le lui apprendre.

Découpées au rythme des prises en charge d'Allan, mes journées de travail ont une nette tendance à s'achever de manière tardive. Régulièrement en effet, ce n'est que dans la soirée que je parviens à traiter paperasse, commandes aux fournisseurs et préparation des colis pour mes clients. Mais pour accomplir ces différentes tâches, je ne suis pas toujours seule. À 12 ans, à l'heure où les jeunes adolescents sont censés dormir ou vaquer à leurs occupations, ma fille semble avoir d'autres priorités. Celles de m'épauler, de veiller sur moi et de me proposer son aide autant de fois qu'elle le juge nécessaire. Ce soir encore je tente de m'y opposer, de lui expliquer que ce n'est pas son rôle et que c'est important pour moi de pouvoir la préserver face à nos difficultés. Comme souvent dans ce genre de situation, Joanne fait mine de ne pas m'entendre et la voilà déjà en train de s'emparer de la commande d'un client dans le but de la traiter rapidement. Certes, elle est aussi têtue et déterminée que moi, mais surtout elle a un cœur « gros comme ça ». À mes yeux, Joanne incarne la gentillesse et la générosité. Toute l'empathie dont peut faire preuve ce petit bout de femme fait d'elle une personne remarquablement sensible et attentionnée. Extrêmement touchée par son attitude, je me dirige avec elle vers le garage transformé en plateforme de stockage où nous allons ensemble traiter les commandes. Avec l'emploi du temps infernal qui s'est mis en place pour moi, ce sont de vrais moments privilégiés que nous partageons alors. Enfin un peu de temps à passer ensemble, à discuter, à plaisanter et à rigoler ! Cela nous fait un bien fou ! Parfois, tiraillée entre un sentiment de culpabilité et une certaine fierté, je l'observe à son insu. Que ma grande fille soit aussi adorable et mature me remplit de bonheur, mais j'aimerais tant pouvoir lui offrir une vie plus conventionnelle, plus paisible… Une vie lui permettant de garder son insouciance et de profiter pleinement de son adolescence. Cela dit, jamais Joanne ne se plaint ou ne semble me tenir rigueur de la situation, comme si elle se sentait investie d'une mission : veiller sur moi et sur son petit frère. Je dois dire d'ailleurs qu'elle la remplit à la perfection. Avec tout ce que nous traversons depuis plus d'un an, tout parent craindrait de voir la fratrie dérailler ou exploser. Or, même s'il est évident que la situation est difficile pour eux, pour Joanne ou Alexis il n'en est rien. Tous deux nous donnent même souvent l'impression de chercher à nous faciliter la vie. Lorsque je pense à eux, je me dis que nous avons énormément de chance…

Certains soirs, une fois les commandes traitées, je finis ma journée devant l'ordinateur afin de continuer mes recherches. Le faible taux de prise en charge de l'autisme en France me révolte définitivement. Lorsque j'y réfléchis, je ne peux m'empêcher de penser à tous ces enfants atteints de graves maladies. Si aujourd'hui Allan était atteint d'un cancer, il est à peu près sûr que tous les moyens seraient mis en œuvre pour sa guérison. En aucun cas on ne viendrait nous demander d'assurer nous-mêmes le coût des soins ! Concernant l'autisme, c'est très différent. Certes, ce n'est pas comparable… Mais imaginez un instant qu'aux parents d'un enfant leucémique on vienne dire que celui-ci ne sera accueilli en cancérologie pédiatrique que lorsqu'il y aura de la place et que le coût des soins ne sera pris en charge qu'à hauteur d'un dixième du traitement… Tollé général ! Alors pourquoi est-ce si peu révoltant que les autistes – et bien d'autres enfants « différents » – soient laissés pour compte ? Eh bien je pense avoir en partie la réponse : lorsque l'on sait qu'un hôpital de jour perçoit la « modique » somme d'environ huit cents euros par jour et par enfant, on comprend facilement quelle manne financière ils représentent… Surtout lorsque tout est fait pour qu'ils n'évoluent pas trop, voire pas du tout… Car si au lieu de les parquer dès leur plus jeune âge dans ce type d'établissement, on consacrait des sommes équivalentes à de véritables prises en charge, il est bien évident qu'à l'âge adulte la proportion d'autistes et de personnes « différentes » capables de s'intégrer à la société serait nettement plus importante. À quoi bon avoir diagnostiqué Allan très tôt si, faute de financements suffisants, rien de sérieux ne peut être entrepris pour lui garantir un avenir meilleur ? Découvrir qu'aux États-Unis les interventions basées sur l'ABA sont considérées comme « le traitement habituel » et qu'elles sont financées par les gouvernements ou les systèmes de santé dans la vaste majorité des États, ne calme pas ma révolte. Surtout lorsque ces interventions représentent en moyenne trente heures de prise en charge par semaine. Comment, en France, se contenter de dix fois moins ? Certes, étant donné qu'avec Xavier nous en avons la possibilité, une fois l'accord de la MDPH décroché de haute lutte pour les trois premières heures, nous en finançons deux de plus de notre poche. Mais est-ce juste ? Est-ce normal surtout ? Car soyons lucides, cela revient tout simplement à dire que si vous n'avez pas de place dans une structure de prise en charge (digne de ce nom !), ni de moyens financiers, votre enfant est pour ainsi dire condamné... Qu'après avoir tourné en rond sur lui-même toute son enfance, chez lui ou dans je ne sais quel établissement, il finira probablement sa vie en hôpital psychiatrique, sans avoir rien entrevu d'autre de la société qu'un perpétuel enfermement ou une camisole chimique. À ce stade de mes réflexions comme de mes prises de conscience, mon écœurement est intense. Pourtant j'ignore encore quel vaste horizon de recours administratifs m'attend pour tenter d'y remédier. Car faire valoir les droits d'Allan à un avenir digne, c'est-à-dire aux prises en charge qui vont le lui permettre, va se révéler être un vrai parcours du combattant. Peu importe, la guerrière qui sommeillait en moi semble avoir de la ressource et ne va certainement pas tarder à le manifester… Première bataille : pour financer davantage d'heures, il me faut davantage d'allocations. Ce qui se traduit d'une manière non négligeable par du temps passé à remplir des dossiers, à essuyer des refus et à contester les premières décisions. Si besoin, je n'hésite pas à plaider ma cause devant la CDAPH[1] – Commission des droits et de l'autonomie des personnes handicapées – y compris en détaillant ma vie et en justifiant de tout. Pied à pied, convaincue que c'est pour l'avenir d'Allan que je me bats, je ne lâche rien. À force d'arguments et de persévérance, je parviens peu à peu à faire augmenter ce qui lui avait été alloué en première instance.

Quant à Christelle, elle est également en perpétuelle surcharge de travail. Au fil du temps, nous commençons à bien nous entendre, puis à nous tutoyer. Peu à peu une amitié s'installe. Sachant qu'avant son retour des États-Unis, il n'existait rien dans la région Midi-Pyrénées concernant la méthode ABA, elle déborde littéralement de demandes. Pour y faire face, elle doit se déplacer sans cesse, y compris jusqu'à Narbonne, ce qui revient à dire qu'une part importante de sa vie se passe au volant de sa voiture. Mais heureusement, cela ne nous empêche pas de prendre le temps de discuter ensemble

1. Elle décide des droits des personnes handicapées. Elle se fonde sur l'évaluation réalisée par l'équipe pluridisciplinaire.

lorsqu'elle vient à la maison pour établir un bilan des progressions d'Allan et mettre à jour son programme. Un jour, début 2008, je comprends qu'à Toulouse et aux alentours il n'existe pas grand-chose en dehors du Sessad en termes de prise en charge de l'autisme. Aussi incroyable que cela puisse paraître, quasiment aucune autre option que celle des hôpitaux de jour ne semble exister, une voie que viscéralement je refuse, tant pour moi elle s'assimile à l'idée que je me fais de ce que peut être un mouroir. Certes, Dieu merci, il existe parmi eux quelques exceptions, mais il n'est pas question de s'en contenter. Conséquence de cette prise de conscience : il est grand temps de créer quelque chose. Dès que j'en ai l'occasion, j'en touche deux mots à Christelle, lui faisant remarquer à quel point le temps qu'elle passe dans sa voiture est du temps perdu. À mon sens, il vaudrait mieux que ce soient les familles qui viennent à elle plutôt que l'inverse. Le temps ainsi dégagé lui permettrait non seulement d'intervenir auprès d'un plus grand nombre d'enfants, mais également de former davantage d'intervenants. Visiblement, ses réflexions personnelles ont suivi le même chemin que les miennes. « Figure-toi que moi aussi, ça fait un bon moment que ce genre de projet me trotte dans la tête, me répond-elle. Est-ce que tu serais partante pour essayer de monter quelque chose toutes les deux ? » Ce à quoi, évidemment, je n'ai qu'une seule réponse à lui faire : un oui immédiat, franc et massif ! En plus de nos programmes respectifs déjà passablement surchargés, nous nous attelons donc à l'étude du projet. Très vite, nous décidons d'adopter pour la structure que nous envisageons le statut d'une association et entamons les démarches nécessaires à sa création. Dans le même temps, Christelle s'occupe d'un autre enfant autiste dont le père est relativement à l'aise financièrement. Mis au courant de notre projet, celui-ci nous propose très gentiment de mettre gracieusement à notre disposition l'un des logements dont il est propriétaire et qui doit bientôt devenir vacant. C'est à la fois génial et totalement inespéré ! En tout cas c'est de très bon augure, et après un minimum de travaux pour adapter les locaux, nous inaugurons la structure en juillet 2008. Au fil du temps, en supplément de Stéphanie et de Lætitia, Christelle entreprend de former d'autres intervenants et l'équipe qu'elle constitue commence à être très compétente. En réfléchissant au projet, Christelle et moi avons défini que nous pouvions débuter avec six familles – c'est-à-dire avec six enfants – et six intervenants. De manière à ce que les démarches soient facilitées pour chacun, l'ensemble des prises en charge seront réglées au moyen de Chèques emploi service universel[1], ce qui est extrêmement injuste là encore, car uniquement dépendant des moyens financiers des familles. Certaines se retrouveront à ne pouvoir payer que trois heures par semaine pour leur enfant, là où d'autres auront la capacité d'aller jusqu'à quinze. Malheureusement, dans un premier temps il ne nous sera pas possible de fonctionner autrement.

À cette époque, une des rares structures ABA existant en France se trouve à Paris et fonctionne elle aussi sous statut associatif. Dès qu'elle en a la possibilité, Christelle entreprend le déplacement afin d'aller rencontrer

1. Offre simplifiée du réseau des Urssaf pour déclarer la rémunération des salariés à domicile. C'est également un moyen de paiement utilisé dans les emplois de service à la personne en France.

l'équipe et discuter avec son président dont le fils est autiste. La structure qu'elle découvre l'émerveille passablement. D'autant qu'après cinq années d'existence et tout autant de batailles administratives, cette association vient enfin d'obtenir un financement de l'Agence régionale de santé. Ayant conscience qu'ils ont en quelque sorte déblayé le terrain et essuyé les plâtres, Christelle exprime au président notre souhait de créer une structure similaire à la sienne. S'il pouvait nous aider à y parvenir, ce serait formidable ! Désireux de découvrir notre propre structure, lui-même se déplace quelque temps plus tard à Toulouse afin de rencontrer les familles et les intervenants. Mais en effectuant ce déplacement, sa motivation est double : son association parisienne étant en pleine expansion nationale, il souhaite trouver quelqu'un sur la région Midi-Pyrénées qui puisse la représenter, comme d'autres personnes le font ailleurs dans d'autres régions. N'ayant guère tardé à se rendre compte que ma courte expérience et mes nombreuses recherches sur Internet m'ont permis d'avoir une longueur d'avance, c'est à moi qu'il en fait la demande. Bien entendu j'accepte. Mais ai-je réellement pris la mesure de ce qui m'attend ? Rien n'est moins sûr. Au contraire, je ne suis pas du tout certaine d'avoir anticipé comment faire entrer des contraintes supplémentaires dans un emploi du temps déjà surchargé. Et si je n'ai pas pris le temps de le faire, c'est tout bonnement que j'ai un « marché » à lui soumettre. En contrepartie du fait que je m'engage à devenir le relais local de son association – c'est-à-dire accepter que mon numéro de portable soit affiché sur son site et m'exposer à recevoir régulièrement des appels –, je lui demande de s'engager à nous aider pour que notre propre structure puisse elle aussi bénéficier à terme d'un financement de l'ARS. Obtenir par ce biais un nombre d'heures de prises en charge beaucoup plus important pour tous les enfants que nous accueillons est désormais mon nouvel objectif. Comme on dit de manière moderne, il s'agit pour chacun d'entre nous d'un accord gagnant-gagnant.

Une fois mes coordonnées affichées sur le site, c'est donc à moi qu'il revient de répondre au mieux à des parents en grandes difficultés. Pour la majorité, soit ils viennent d'obtenir un diagnostic et ils en sont très affectés, soit ils sont en quête de réponses au sujet du développement atypique de leur enfant et cherchent désespérément des professionnels capables de confirmer ou d'infirmer leurs doutes. À moi de les écouter, et surtout de chercher à les orienter au mieux. Entre cette nouvelle responsabilité et ma société à gérer, les déplacements fréquents pour les prises en charge d'Allan, les dossiers à monter pour la structure… mon temps de sommeil tend à se réduire comme une peau de chagrin. Peu m'importe. C'est du sentiment d'urgence qui s'est emparé de moi et qui ne me lâche plus que je tire toute l'énergie nécessaire.

En juin 2008, nous fêtons les 3 ans d'Allan. C'est l'époque également où, pour la première fois, se pose à nous la question de son éventuelle scolarisation en septembre. Réflexion faite, nous ne le sentons pas prêt. Notre fils cumule encore bien trop de troubles du comportement pour que nous puissions sereinement envisager de le scolariser ; aussi décidons-nous de reporter la décision d'un an. Cependant, un jour d'octobre, j'ai malgré tout l'idée de lui faire découvrir les lettres de l'alphabet. Je sors donc une grande boîte contenant un ensemble de lettres magnétiques en plastique ainsi que le tableau qui leur correspond et les pose sur la table. C'est à mon sens parfait pour apprendre tout en s'amusant. Ouvrant la boîte, j'en sors trois lettres que je dispose devant lui. Par jeu, sans trop réfléchir, je demande à Allan : « Allez, trouve la lettre O et pose-la sur le tableau. » Je ne sais plus si j'ai réellement une attente ou si j'agis ainsi dans une sorte de parodie ludique d'une scène scolaire. Toujours est-il qu'à mon grand étonnement je le vois effectivement s'emparer de la bonne lettre et la placer au tableau ! Pensant peut-être qu'il s'agit d'une coïncidence – sait-on jamais – je poursuis avec une autre lettre. « Bien Allan ! Maintenant fais pareil avec la lettre B. » Rebelote, je le vois saisir le B et le placer au tableau à côté du O. Ça alors ! Où a-t-il appris ça ? Car non seulement il connaît ces deux lettres, mais toute la boîte y passe sans qu'il ne se trompe une seule fois ! Je n'en reviens pas… Comment est-ce possible ? Serait-ce au Sessad qu'on lui aurait appris ? Dès le lendemain je mène l'enquête, mais à ma grande surprise, aucun des intervenants qui entourent mon fils ne sait comment il a pu apprendre l'alphabet tout seul. Personne là-bas n'est au courant. C'est moi-même, quelques jours plus tard, qui vais résoudre l'énigme ! En fin de semaine, alors qu'Allan est absorbé dans l'un de ses jeux d'ordinateur, je réalise tout à coup en l'observant que c'est grâce au cédérom *Lapin Malin* qu'il a pu faire cet apprentissage. Sacrée surprise !

En fin d'année, après un an et demi de prises en charge intensives, l'heure est à présent aux bilans. D'après le

PEP-R[1] – Profil psychoéducatif révisé – qui sera régulièrement réalisé tout au long de son évolution, on cherche à évaluer ses capacités dans les domaines suivants : imitation, perception, motricité fine, motricité globale, coordination oculomanuelle, performance cognitive et cognition verbale. Si depuis le premier effectué en juin 2007 Allan a progressé dans chacun d'entre eux, en termes de notions acquises il est toujours nettement en deçà des normes de son âge. Mais si l'on considère ce qui est « émergent avec l'aide de l'adulte », une amélioration sensible est notée partout. Ce qui est assez encourageant, voire prometteur. En revanche, tout ce qui touche à son comportement reste problématique. Fluctuant, celui-ci se situe régulièrement aux deux extrêmes. Autant Allan est capable de faire preuve de patience, de concentration et de motivation, autant en un quart de tour il peut se braquer et se mettre en opposition. Dans ces moments-là il devient vite agressif, jette ce qui lui tombe sous la main et passe de grands moments à pleurer ou à crier. Avec le fait qu'à 3 ans et demi il ne parle toujours pas, ces troubles du comportement sont pour moi ce qu'il y a de plus difficile à gérer. Sans support visuel, sa compréhension des consignes est toujours assez limitée. S'il peut répondre à certaines demandes simples comme : « Viens », « Assieds-toi » ou « Donne », de plus complexes ne sont pas comprises. Ses points forts restent la perception visuelle – raison pour laquelle le PECS fonctionne aussi bien – ainsi que la motricité, fine et globale. Si à 2 ans il ne savait pas manger seul, à présent il est autonome à la cuillère ainsi qu'à la fourchette. Cependant, d'importantes

1. Outil d'évaluation du processus d'apprentissage.

rigidités alimentaires persistent chez lui. En dehors du jambon, des pizzas, des chips et des gâteaux, Allan ne mange jamais « solide », n'acceptant que les purées et les préparations de la marque Blédichef. De mon côté, considérant qu'il n'y a pas d'urgence et que mon temps et mon énergie sont plus utiles ailleurs, je décide de ne pas m'attaquer à ce problème pour l'instant. Chaque chose en son temps. Côté hygiène et autonomie, malgré le travail effectué dans ce sens, la propreté n'est toujours pas acquise. Si avec de l'aide il sait prendre un bain seul et se savonner, en revanche il est impossible de l'amener à se brosser les dents. En effet, la seule vision d'une brosse à dents a la capacité de l'angoisser au plus haut point. Il sait se déshabiller seul, mais il a besoin d'aide pour s'habiller. Malgré ce tableau en demi-teintes, plusieurs des capacités qu'il a développées me font craquer. Tout émue, j'observe de temps à autre mon petit bonhomme de 3 ans et demi qui essaie de faire le café ou de beurrer les tartines. Dans un autre registre, qu'il sache ranger ses affaires et, au besoin, passer le balai comme peut le faire un enfant de son âge est également attendrissant... C'est même extrêmement mignon.

7

Un emploi du temps infernal

Vous savez, on entend souvent dire que l'énergie du désespoir est immense. En ce qui me concerne, celle de l'espoir et de la révolte le sont tout autant. Ce sont elles qui me font lever chaque matin. Elles, et l'amour immense que je porte à mon fils. Grâce à tout cela, je démultiplie mes ressources, je mène tout de front, je tiens le coup à un point incroyable. En ce début 2009, je n'ai aucune conscience que cela ne pourra durer qu'un temps, qu'un jour j'aurais droit à un véritable retour de manivelle… Je m'en fiche. Pour l'heure, je suis d'attaque et c'est tout ce qui compte. Littéralement sur le pied de guerre en permanence. Comment ne pas l'être d'ailleurs, quand on constate qu'en termes de prise en charge de l'autisme en France, on en est encore au Moyen Âge ? Lorsqu'on sait que le nombre d'enfants concernés par les troubles du spectre de l'autisme se situe aux alentours des cent mille, comment ne pas se révolter que rien ne soit mis en place pour leur venir en aide, ou plus simplement pour soutenir les parents ? Pour leur permettre de s'intégrer plus tard dans la société, le constat est simple : il n'existe quasiment rien. Comment s'étonner alors du nombre affolant de pères et de mères, au bord du désespoir, qui se tournent vers moi depuis que je suis relais de l'association parisienne sur la région ? Ce dont ils ont besoin avant tout, c'est d'être écoutés. Mais la grande majorité est aussi désespérément en quête de coordonnées de professionnels compétents qui puissent les aider et surtout aider leurs enfants. Ils sont également avides de conseils, et je fais en sorte de partager avec eux la somme de connaissances acquises durant mes longues veillées sur Internet. *Idem* concernant les aides financières à aller chercher pour financer les différentes prises en charge dont leurs enfants ont besoin. Dans ce domaine, là encore je les fais bénéficier de mon expérience en matière de dossier à monter et à soumettre à la MDPH. Le but étant de leur permettre d'obtenir les financements nécessaires. Lorsqu'un parent a essuyé un refus, je l'incite fortement à faire appel, lui disant que s'il le faut, je suis prête à l'accompagner jusqu'au tribunal administratif. Parce qu'il ne faut pas se voiler la face : dans le domaine du handicap, nos droits les plus élémentaires sont souvent bafoués. Le seul remède à cela est simple : étudier soi-même les lois de manière approfondie. À nous, donc, de cumuler les casquettes : parent d'enfant handicapé, éducateur spécialisé, juriste, psychologue, instituteur, chauffeur de taxi, et bien d'autres encore… Non sans un certain découragement, je remarque que beaucoup de témoignages se recoupent. Au bout du fil, une maman à bout. En plus de toutes les difficultés auxquelles elle doit faire face, son couple vient de voler en éclat. Désormais, c'est sur ses seules épaules que tout va reposer. C'est seule qu'elle affrontera les troubles du comportement de son enfant, parfois très envahissants. La suite, je la connais. Dans le meilleur des cas, son fils aura une place dans une structure. S'il est à l'école, ce sera sans doute pour une scolarisation au rabais, c'est-à-dire souvent pas plus de neuf heures par semaine, quand ce n'est pas seulement deux ou trois ! Dans le cas contraire, elle continuera d'essuyer des refus ou n'aura aucune place nulle part pour son enfant. Famille et amis vont peu à peu s'éloigner. Son quotidien risque de devenir très vite infernal. Et ce sera loin d'être la seule… Pour rester auprès de leurs enfants, certains parents vont être obligés de démissionner et de perdre toute vie sociale. Au final, c'est le RSA qui les attend. Personne n'imagine une minute à quel point avoir un enfant handicapé est un facteur d'isolement. Que tant de familles soient laissées sans solution, tout le monde s'en fout…

Deux témoignages en particulier me révoltent. Le premier me parvient trois mois environ après l'ouverture de la structure montée avec Christelle. Il s'agit d'une maman qui m'appelle de la ville de Caen. Elle est mariée et son petit garçon a tout juste un an de plus qu'Allan. Or il se trouve qu'elle connaît très bien Stéphanie qui travaille aujourd'hui avec nous. En effet, originaire de Caen, Stéphanie s'est occupée de ce petit garçon avant de rejoindre Christelle à Toulouse. Si cette maman m'appelle ce jour-là, c'est parce qu'elle a justement appris par Stéphanie qu'il restait une place de libre sur la structure. « Mon mari et moi sommes prêts à déménager pour que notre fils soit pris en charge dans votre établissement. »

À mon sens, ces mots sont dramatiquement révélateurs de la situation... Ces parents sont si désespérés qu'ils sont prêts à tout quitter – travail, famille, maison, amis – pour s'installer à l'autre bout de la France ! C'est dire face à quel manque sidéral se trouvent les familles, non pas uniquement celles de la région, mais celles de la France entière. Dans un pays comme le nôtre, à une époque comme la nôtre, comment est-ce possible ? Je trouve ça complètement hallucinant ! Et pourtant, c'est exactement ce que vont faire ces parents... Trois mois plus tard, en janvier 2009, ils s'installent à Toulouse.

Le témoignage suivant est encore pire. Au téléphone, une maman désespérée qui a été victime d'un signalement auprès des services sociaux. Après une procédure tout aussi interminable que cauchemardesque, ils sont venus lui retirer son enfant et l'ont placé en famille d'accueil. On l'accuse d'être atteinte du syndrome de Münchhausen[1]. On – les services sociaux – pense que pour attirer l'attention sur elle, elle a inventé l'autisme de son fils. C'est un réel appel au secours qu'elle m'envoie ce jour-là. Mais l'affaire ayant déjà été jugée, j'ai beau avoir une extrême envie de lui venir en aide, je suis forcée de reconnaître que je ne peux rien faire... Le pire dans cette histoire, pour cette mère et pour son enfant, c'est qu'un diagnostic d'autisme existe bel et bien, posé par un professionnel de surcroît. Rarement dans ma vie je me suis sentie aussi impuissante... Devant un système qui brise ainsi tant de familles, car malheureusement son cas n'est pas unique, je me sens prise d'une

1. Pathologie psychologique caractérisée par un besoin de simuler une maladie ou un traumatisme dans le but d'attirer l'attention ou la compassion.

énorme colère. Presque même une sorte de haine. Je vais jusqu'à en rêver la nuit… Je sais que plus tard, à force de batailles, plusieurs de ces mères courage finiront par obtenir gain de cause. Mais au prix de quelle lutte !

Mon quotidien n'étant guère toujours plus réjouissant que le leur, soutenir par téléphone la détresse des parents me renvoie souvent la mienne en pleine figure. Mes journées et une partie de mes nuits sont tellement chargées qu'il n'est même plus question de pouvoir ressentir de l'épuisement. À un planning déjà ultradécoupé en fonction des besoins d'Allan, se sont récemment ajoutées les nombreuses tâches concernant la structure. Avec Christelle nous nous les sommes réparties. Elle, bien évidemment, est responsable de tout ce qui concerne les prises en charge des enfants, l'organisation même de la structure ainsi que la formation des intervenants : plannings, évaluations, bilans, programmes, formations, supervision, etc. Y compris Allan, six enfants sont inscrits, chacun ayant un quota d'heures de présence par semaine calculé en fonction des moyens financiers de la famille. Toutes formées à l'ABA, six personnes interviennent auprès d'eux. Pour ce qui est de l'orthophonie et de la psychomotricité, les prises en charge se font à l'extérieur en libéral.

Par comparaison, la structure parisienne dont nous souhaitons nous inspirer compte pour sa part autant d'intervenants que d'enfants, c'est-à-dire douze, chacun bénéficiant d'une vingtaine d'heures de prise en charge par semaine. À quoi viennent se rajouter une psychologue, une orthophoniste ainsi qu'une psychomotricienne.

De notre côté, malgré l'absence de financement et de subvention, nous souhaitons une organisation la plus professionnelle possible. En nous calquant au plus près sur le fonctionnement de la structure parisienne, notre espoir est clairement nous aussi d'être un jour financés par l'État. À ce titre, le but de cette structure étant de développer partout en France un réseau d'unités d'évaluation, d'intervention et de guidance parentale pour l'autisme, nous décidons d'adopter le même nom que le leur. Bien qu'au même moment deux autres projets en soient au niveau préparatoire et les seize autres à l'étude, nous sommes réellement les premiers à fonctionner en province.

À ce stade, j'ai la charge de tout ce qui a trait à l'administratif, autant dans les relations entre notre structure et celle de Paris, qu'entre les familles, les différents intervenants et les administrations régionales. À quoi vient aussi rapidement s'ajouter, en concertation avec le président de l'association de Paris, la constitution du dossier que nous devons aller défendre en fin d'année devant le CROSMS de Toulouse – Comité régional de l'organisation sociale et médico-sociale –, organisme destiné, plus tard, à être remplacé par les ARS. Dans un tout autre registre, c'est moi également qui ai en charge l'organisation de diverses manifestations à Toulouse destinées à récolter des fonds pour l'achat de matériel éducatif pour les enfants. Sans oublier, bien évidemment, le rôle qui est le mien auprès d'Allan. Car dans l'approche ABA, au même titre que les autres professionnels, les parents sont considérés comme étant des co-intervenants auprès de leur enfant. Formés et guidés pour y parvenir, ils sont complètement intégrés au programme d'intervention qui le concerne et qui vise à renforcer la généralisation des comportements positifs. Au sein de la structure, cette charge revenant aux parents est évaluée à dix heures par semaine, soit une heure chaque jour pour ce qui concerne l'hygiène, les repas, les loisirs et les courses, et deux heures trente le week-end. Tout cela sans compter qu'Allan persiste toujours à se réveiller deux à trois fois par nuit et qu'il lui faut souvent une heure à chaque fois pour se rendormir. Ma dernière nuit complète de sommeil doit bien remonter à plus de deux ans en arrière. Du côté de la vie sociale, des sorties sympas au restaurant ou d'un petit cinéma en famille, c'est le grand calme plat. J'adorerais proposer de temps en temps une virée boutiques à Joanne, une balade tous ensemble le week-end quand Alexis est là, mais pour l'instant, ce genre de plaisirs est remis aux calendes grecques…

Mais tout ça n'est pas vain car, du côté d'Allan, certains changements dans son comportement montrent qu'il franchit des étapes importantes. Ça y est ! Enfin il commence à s'exprimer oralement ! Qu'il reste mutique et ne sache jamais parler était vraiment l'une de mes pires craintes. À tel point que, à une époque, je rêvais presque toutes les nuits qu'Allan me parlait enfin… Bien entendu, au matin, le réveil était particulièrement difficile… Mais cette fois on y est ! Non seulement il lui arrive de répéter certains mots entendus, mais de plus en plus spontanément il en utilise d'autres adaptés au contexte, tels que : « Oui » ou « Non » dont il a maintenant saisi le sens, ou bien encore : « Aide-moi »,

« Bonjour », « Au revoir ». L'un des plus grands plaisirs qu'il fait à sa sœur est de chercher à prononcer son prénom. En revanche, il lui arrive encore souvent de répéter la dernière syllabe des mots, mais cela passera. Du côté des lieux où se déroulent ses prises en charge, il s'y montre de plus en plus autonome, ayant maintenant intégré leurs différents rituels de fonctionnement. Plus souple qu'auparavant quant aux éventuels changements, il montre ainsi qu'il parvient à s'adapter. Quant aux temps de rassemblements avec les autres enfants, extrêmement difficiles au début, il les a finalement acceptés. Il semble même les apprécier car c'est avec un certain entrain qu'il participe aux comptines. Il prête de plus en plus attention à son entourage et ses capacités d'imitation sont en plein développement. Ce qui est formidable car celles-ci peuvent être réutilisées dans le cadre de ses apprentissages et des échanges avec les autres. Encore de beaux progrès en perspective !

Mais l'une des plus belles avancées de l'année à mes yeux va concerner le brossage des dents. Certes, cela peut sembler dérisoire. Pour moi au contraire il s'agit d'une grande victoire ! Imaginez un peu : cela fait maintenant plus de trois ans que je tente en vain d'amener Allan à se brosser les dents... Mais aujourd'hui, enfin, le cap est franchi grâce à « une phrase magique ». Chaque soir en effet, lorsque je lui lis l'histoire de T'choupi, je laisse la phrase en suspens : « T'choupi se lave les... » et c'est Allan qui répond : « ... Dents ! » Ce matin, comme je le fais souvent, je me suis lavé les dents devant lui pour lui montrer. Saisissant ensuite sa petite brosse à dents, je l'ai délicatement posée sur ses lèvres.

Habituellement, c'est le moment où il les resserre avec fermeté en me regardant. Ensuite, comme à mon habitude, j'ai prononcé un : « Ahhhh... » destiné par imitation à lui faire ouvrir la bouche ; ce qu'il a fait, mais en la refermant aussitôt. Puis je lui ai dit : « Tu fais comme T'choupi, comme dans le livre *T'choupi se lave les dents*. « Allez Allan, tu fais comme T'choupi ! Allan se lave les... ? » À quoi je l'ai entendu répondre : « ... Dents ! » À ce moment-là, je l'ai vu commencer à ouvrir la bouche, suffisamment pour que je puisse passer la brosse en douceur, mais il a vite repoussé ma main. En revanche, à chaque fois que j'ai approché la brosse, il a continué d'ouvrir la bouche. Cela a duré un certain temps. Plusieurs fois j'ai retenté et plein de fois il m'a laissé faire ! Et le plus fou à la fin, c'est que c'est carrément lui qui avait la brosse dans la main et qui se la passait partout sur les dents ! Moi bien sûr à côté, j'ai littéralement sauté de joie dans la salle de bains !

Comme le temps a passé vite ! Dans un mois déjà, Allan devenu trop grand devra quitter la halte-garderie où il va depuis ses 16 mois, et cela me rend triste... Chacune des personnes qui travaille là a été d'un accueil et d'une écoute extraordinaires, autant pour Allan que pour moi. Je ne sais que trop bien que j'aurai rarement l'occasion d'en rencontrer d'aussi adorables. Et c'est d'autant plus agréable lorsqu'on a un enfant « différent ». Trop souvent, c'est l'occasion pour certaines personnes de montrer encore plus de méchanceté ou de bêtises... Là, au contraire : gentilles, compréhensives, tolérantes, attentionnées, etc. Tous ces qualificatifs me viennent spontanément à l'esprit quand je pense à elles.

Quel regret d'avoir à les quitter ! Pour marquer le coup, je leur ai écrit un petit poème. J'ai aussi pris le soin de l'imprimer, de l'encadrer et de le décorer. Je leur ai également acheté quelques cadeaux. Le dernier jour, Allan et moi arrivons dix minutes avant l'ouverture. Les trois assistantes maternelles nous font entrer dans la grande salle de jeux. Avant de commencer la lecture, je leur demande d'imaginer que ce poème vient d'Allan. Je me sens très émue. Je crois bien qu'elles aussi d'ailleurs. Pour l'ouverture d'esprit et du cœur dont elles ont toujours fait preuve, pour m'avoir écoutée, accompagnée et consolée bien des fois, ce que j'ai à leur dire tient en un seul mot : « Merci ! »

Voilà, une page est tournée. Une page pleine de douceur et de compréhension. Et, comme nous avons décidé de scolariser Allan à l'école communale à la prochaine rentrée, nous espérons fortement en rencontrer autant de la part du personnel enseignant. Ce en quoi nous n'allons pas tarder à tomber de très haut... En ce printemps 2009, Allan vient juste d'avoir 4 ans. Autant l'année dernière je ne le sentais pas prêt à faire sa rentrée à l'école, autant les avancées dans son comportement m'ont depuis rendue optimiste. Un rendez-vous est donc pris avec la maîtresse. Bien que je la sente de bonne volonté, je constate aussi en discutant avec elle qu'elle ne semble pas vraiment ouverte au fait que l'on puisse mettre en place certains aménagements pour Allan. Elle semble plutôt vouloir uniquement s'appuyer sur son expérience en matière de conduite à tenir en classe. Ce qu'elle veut, avant de se prononcer, c'est voir comment Allan va se débrouiller.

Souhaitant évidemment que tout se passe au mieux, je prends malgré tout un peu de temps pour lui détailler quelles sont les prises en charge dont il bénéficie. Connaissant Allan, j'ai beau avoir de gros doutes sur le fait qu'il puisse s'intégrer comme une fleur à l'effectif de la classe, je veux quand même y croire. Avec un peu de bonne volonté de part et d'autre, pourquoi pas ? Avant de l'inscrire définitivement, on nous propose qu'il vienne effectuer deux demi-journées d'observation. J'explique donc à Allan ce qui va se passer, et un matin je l'amène à l'école. Jusqu'à l'heure d'aller le chercher, j'ai été partagée entre espoir et inquiétude durant toute la matinée. Dès que je le récupère, mon idée est faite. Il est extrêmement tendu. Et en écoutant le compte rendu de la maîtresse, je le suis moi aussi... En gros, rien n'a été. Tout ce qu'elle trouve à me dire relève du négatif, une véritable énumération...

Bien que cette première expérience n'ait pas été concluante, nous retentons l'essai une deuxième matinée. Ensuite de quoi une réunion de l'équipe éducative est prévue. C'est elle qui doit statuer sur sa future inscription. Évidemment, en tant que parents Xavier et moi sommes invités à y assister. Quel choc ! Après que chacun a donné son avis – et sans surprise celui de la maîtresse est négatif –, c'est au tour de la psychologue scolaire de parler. En quelques phrases, elle fait un petit résumé du comportement d'Allan au cours des deux matinées, rien de surprenant jusque-là. Sauf qu'ensuite elle se lance dans une imitation de notre fils ! Pour finir, elle va même jusqu'à se moquer de lui... Xavier et moi nous regardons. Nous sommes ulcérés !

Ce n'était pas exactement l'idée que nous nous étions faite du rôle d'une psychologue. J'ai du mal à contenir ma colère. Pour le père d'Allan, cela semble encore plus difficile de retenir la sienne. Il semble à deux doigts de se lever. De l'œil, je lui fais signe de se contenir. Il vaut mieux garder notre calme. De toute façon, à la minute même où la réunion a commencé, j'ai compris que mon fils ne serait jamais scolarisé ici. Inutile alors de faire un esclandre. Et surtout de dépenser une énergie dont j'ai tant besoin par ailleurs... À grand-peine, je me retiens donc de leur envoyer tout ce que je pense en pleine face. Dieu sait que ce n'est pas de gaîté de cœur, mais je m'y contrains. Quand on pense que depuis 1971, en Italie, une loi prévoit que « l'instruction obligatoire se déroule [pour tous les enfants et les adolescents, sans distinction] dans les classes normales de l'école publique [1] » ... Comme on en est loin, ici, trente-cinq ans plus tard !

En tant que relais de l'association, j'avais beau avoir entendu de multiples retours négatifs au sujet de l'institution scolaire, quelque chose en moi avait encore eu envie d'y croire. Sauf que maintenant, il est temps d'ouvrir les yeux : les belles paroles que l'on entend à longueur d'année au sujet de l'inclusion scolaire, c'est du vent ! Combien de parents en proie à des problèmes avec l'AVS [2] de leur enfant m'ont contactée ? Énormément... Personnes non formées, absentes, peu compétentes, sous-payées... Ce dont je suis sûre, c'est que je

1. http://cache.media.education.gouv.fr/file/2017/19/2/IGAENR-2017-118-Inclusion-eleves-situation-handicap-Italie_909192.pdf

2. Auxiliaire de vie scolaire : personne s'occupant de l'accompagnement, de la sociabilisation, de la sécurité et de l'aide à la scolarisation d'enfants en situation de handicap ou présentant un trouble de santé invalidant.

ne suis absolument pas prête à vivre ça, ni évidemment à le faire vivre à Allan. Et inutile d'espérer que dans un autre établissement ça puisse être différent. Je n'y crois plus. Que faire, alors ? Comme à mon habitude, lorsque je suis à cours d'information, je me tourne vers Internet. Dans la tête, j'ai une vague idée de ce que j'aimerais. Ce qui serait génial, ce serait une école en micro-effectif. De préférence avec un enseignant bienveillant. Et qu'une certaine flexibilité soit accordée aux enfants. Cela doit bien exister quelque part... À ma grande surprise, la réponse est oui. Il s'agit de ces écoles que l'on dit « alternatives ». Cerise sur le gâteau, il en existe une près de chez moi. Il s'agit d'une école Montessori, du nom d'une grande pédagogue italienne et docteur en médecine, relativement connue maintenant. Mais peu de gens savent qu'au départ, sa méthode a été créée pour des enfants dits « déficients » et des enfants des rues. Plus j'en apprends à ce sujet, plus cette forme d'enseignement semble correspondre aux besoins d'Allan. Cela tombe très bien parce que, à cette période de l'année, des journées portes ouvertes ont lieu un peu partout. C'est le cas pour cet établissement dans un mois environ. Je bous littéralement d'impatience ! Ce jour-là, en compagnie d'autres parents j'assiste à la présentation des locaux et de la méthode qui est pratiquée ici. Je suis encore plus emballée ! Lorsque c'est terminé, je m'approche de la directrice. Tout ce que je viens d'entendre a confirmé l'idée que je m'étais faite. Ce serait vraiment trop beau si Allan pouvait être accepté ici ! Pour lui présenter son cas, je prends non pas des gants, mais une paire de moufles. Je lui exprime à quel point j'ai trouvé tout ce qu'elle vient de dire épatant et intéressant, puis je me jette à l'eau. « En revanche, lui dis-je, il faut que vous sachiez qu'Allan est autiste. Est-ce que c'est un problème pour vous… ? » Je marche sur des œufs. Mon cœur bat à cent à l'heure. À mon grand étonnement, absence de réaction en face. Aucune gêne, pas de grimace. Au contraire, la directrice me répond tout naturellement que non, ce n'est pas un problème. A-t-elle vraiment compris ? Visiblement oui, puisqu'ensuite elle me pose des questions. D'abord sur le type de prise en charge dont bénéficie Allan, puis à quel endroit, et avec qui. Moi qui avais craint qu'ici la réaction ne soit plus ou moins identique à celle de l'autre école, je n'en reviens pas ! Face à moi, j'ai une personne qui sait de quoi elle parle, qui est dans l'accueil. C'est totalement inespéré ! Nous discutons un moment puis la directrice me remet de la documentation.

Certes, cette école est fabuleuse, mais elle est loin d'être gratuite… En jetant un œil aux tarifs, je me rends compte que pour un mi-temps le coût mensuel est aux alentours de quatre cents euros… C'est loin d'être une paille ! Pourtant, peu importe. Depuis qu'Allan a été diagnostiqué autiste, je suis prête à tous les sacrifices. C'est son bien-être qui est le plus important. Et si pour ça je dois déplacer des montagnes, eh bien je le ferai. En attendant, il reste quelqu'un à convaincre. C'est Xavier. Je sais que parfois il est incommodé par toutes les dépenses nécessaires aux prises en charge dont Allan a besoin. Mais je dois reconnaître que ça commence à représenter un sacré budget… De retour chez nous, je tente de lui faire partager mon enthousiasme. Je lui parle de l'approche pédagogique, lui expliquant tout ce que je viens de découvrir et qui m'emballe vraiment. Tout ce qu'elle peut apporter à notre fils. « Le seul hic, lui dis-je, c'est le prix. » Quand je le lui annonce, je vois son sursaut et je me mets à imaginer ce qui lui passe par la tête. Mais par chance, lui aussi me connaît très bien. Il sait à quel point il est quasiment impossible de me dissuader quand j'ai une idée dans la tête. Et encore moins dans un cas comme celui-là ! Moi, l'argent, je n'en ai rien à faire. Qu'il puisse être un frein aux besoins d'Allan est impensable, voire insupportable. S'il le faut je suis prête à aller travailler chez McDo, en plus des heures que je consacre à ma société, pour qu'il puisse intégrer cette école. Après quelques heures à débattre sur le sujet, Xavier finit par acquiescer. Et c'est une excellente chose parce que tout est génial dans cette école ! Une ouverture d'esprit incroyable, des aménagements possibles… Très vite, Allan commence une légère intégration. Une demi-heure au départ, simplement dans les temps de récréation. Puis, en compagnie des petits, dans un moment de classe. Tout se passe bien, suffisamment bien en tout cas pour qu'on puisse sereinement envisager qu'il fasse sa rentrée en septembre. Reste maintenant à trouver une AVS et l'argent pour la payer. Car bien entendu, comme il s'agit d'une école « hors contrat », inutile de compter sur l'État pour financer quoi que ce soit. C'est un coût supplémentaire qui va s'ajouter au reste… Sans perdre de temps, je passe une annonce pour recruter une AVS à mi-temps. Mais au final, c'est Astrid, l'une des stagiaires de la structure ABA qui se propose. Bien entendu c'est Xavier et moi qui allons la financer. L'avantage c'est qu'elle est déjà en partie formée.

Début septembre 2009, Allan fait donc sa première rentrée scolaire. Grosse émotion pour tout le monde ce jour-là ! La première matinée d'école se passe bien. Quand je vais le chercher, quel bonheur d'écouter Astrid et Maria la maîtresse me raconter ce qui s'est passé ! Allan a fait de la peinture, il a joué... Il n'a même pas râlé quand l'une ou l'autre lui a retiré des mains un objet sur lequel il se focalisait un peu trop. La seule chose qui a semblé le perturber, c'est le bruit et le nombre d'enfants. Pourtant dans cette classe ils ne sont qu'une quinzaine. Lorsqu'il y a eu trop de bruit pour lui et qu'il a mis les mains sur ses oreilles, Maria s'en est rendu compte. Elle l'a aussitôt fait remarquer aux autres enfants et leur a demandé de parler plus doucement. Quel plaisir de découvrir qu'ici on fait réellement attention à ce qu'Allan peut manifester. Ce qui me touche le plus, c'est qu'après m'avoir fait ce petit topo de la matinée, Maria se tourne vers Allan, le regarde et lui dit : « Eh oui, Allan, je parle de toi. Je raconte à maman tout ce que tu as fait ce matin. Nous sommes très fiers de toi Allan, c'est vraiment super ce que tu fais. » J'ai la boule d'émotion dans la gorge. Finalement, sur le plan scolaire, j'ai bien fait de ne rien brusquer l'année dernière. Ce qui se passe dans ce domaine ici cette année est un vrai bonheur !

Voilà maintenant Allan avec un emploi du temps bien plein. D'un côté l'école à mi-temps tous les matins, de l'autre le reste des prises en charge les après-midi. Car bien entendu, il continue d'être suivi neuf heures par semaine au Sessad. Sans compter les séances en orthophonie... Le reste du temps, il est présent sur la structure ABA. Car à force de batailler et de batailler, je suis enfin parvenue à lui faire obtenir un nombre d'heures plus important. Jusqu'en 2008, je ne touchais que cinq cent cinquante-quatre euros au titre de l'Allocation d'éducation de l'enfant handicapé (AEEH). Ce qui était largement insuffisant pour financer toutes les prises en charge dont il avait besoin. Seulement, j'ai appris en début d'année que la PCH [1] – Prestation de compensation au handicap – était depuis peu ouverte aux enfants. Jusque-là, elle ne concernait que les adultes handicapés. Obtenir cette prestation se fait au prix d'un dossier administratif à monter, plus compliqué que l'autre. Tout doit être détaillé et justifié. Mais la contrepartie de ce travail, c'est une rémunération mieux adaptée aux besoins, les prises en charge étant partiellement financées, voire en totalité. Me concernant, j'obtiens le statut d'aidant familial. Concrètement, cela signifie que je suis rémunérée pour l'aide que j'apporte à mon fils vis-à-vis de son handicap. En un an, nous passons presque du simple au double en termes de financement. Cela permet de meilleures prises en charge pour Allan. Du coup, les heures dont il peut bénéficier au sein de la structure ABA passent de cinq à neuf. C'est à ce prix qu'il évolue peu à peu. Et comme j'ai longuement expliqué dans mon dossier que j'avais vraiment autre chose à faire que de renouveler cette demande chaque année, cette aide m'est accordée pour une période allant de 2009 à 2014. C'est vraiment appréciable car, la plupart du temps, les familles ont

1. Aide financière versée par le département. Elle permet de rembourser les dépenses liées à une perte d'autonomie.

droit à des notifications qui ne sont valables qu'un an ou deux. Ce qui fait que, après ce laps de temps, il faut replonger la tête la première dans cet enfer administratif. Comme si, tout à coup, notre enfant n'allait plus être autiste ! Des fois qu'entre-temps on l'ait emmené à Lourdes et qu'il y ait eu un miracle...

Avec l'association parisienne, nous préparons depuis des mois le dossier que nous allons devoir présenter au CROSMS. Il s'agit d'un document d'une cinquantaine de pages présentant l'historique de ce qui se fait à Paris, détaillant la situation de l'autisme en France et à quel point il n'existe rien, avec ensuite toute une série de renseignements parfaitement chiffrés. Le rédiger a demandé un énorme travail ! Nous sommes fiers de ce que nous allons présenter et du projet qu'il y a derrière. Ce que nous recherchons, c'est un financement de l'État, pour que les parents n'aient plus à se mettre sur la paille pour payer les intervenants dont ont besoin leurs enfants. Certains, parfois, sont prêts à toutes les extrémités pour y parvenir. C'est complètement dramatique. Le jour J, le président de l'association et moi-même sommes remontés à bloc. Sûrs de nous et du projet que nous défendons. Notre slogan, c'est « Donner à l'enfant autiste les outils pour lui permettre d'évoluer en milieu ordinaire ». Sauf que ce sur quoi nous travaillons depuis des mois à Toulouse, et des années pour l'association de Paris, doit être un brin trop novateur. Un peu trop expérimental peut-être, au goût des décideurs... Car les membres du CROSMS émettent un avis négatif. À croire que nos enfants sont mieux lotis quand ils sont gavés de psychiatrie. Nous sommes effondrés. Ulcérés aussi, ce qui nous rend encore plus combatifs. S'engage alors une longue bataille auprès du ministère de la Santé. Bataille dont j'aurai plus tard l'occasion de reparler.

Certaines fins de semaines, en famille, il y a des rires à l'étage du côté des chambres d'Alexis et de Joanne. Depuis quelque temps, Allan adore aller les rejoindre et jouer avec eux. D'en bas, on les entend chahuter, se marrer comme peuvent le faire tous les frères et sœurs. Un vrai plaisir ! L'autre nouveauté le concernant, c'est qu'il se met par moments à fouiller partout, à découvrir de nouveaux jouets et à s'amuser tout seul. Là encore un vrai bonheur ! Au milieu des difficultés que nous rencontrons, il nous réserve des pépites de joie ! Comme en ce jour de novembre où, installée à l'ordinateur, je suis en train de regarder une vidéo qui montre Allan en train de nager à la piscine. Tout à coup il arrive, s'installe sur mes genoux et regarde avec moi. Au bout d'un moment, je le vois pointer du doigt sur lui-même en train de nager et demander : « C'est qui ? » Situation banale pour la majorité des parents. Pour nous c'est différent. Pour un peu on sortirait le champagne. D'un regard, Xavier et moi nous nous sommes compris. « Tu as entendu, me dit-il, il vient de poser sa première question ! » Pour nous le moment est simplement magique…

Comme chaque fin d'année, arrive l'heure pour Allan de passer des tests. C'est l'heure de mesurer les avancées. Cette fois-ci, nous pouvons constater que la persévérance finit par payer. Bien évidemment, mille et une montagnes restent encore à gravir. Celles de l'attention et de la concentration par exemple, qui sont toujours déficitaires, les émotions ne sont pas décodées, les jeux de « faire semblant » très peu investis. Certains troubles du comportement apparaissent de temps à autre, tels que les cris ou les tapes. De nouvelles stéréotypies aussi sont apparues : une tendance à répéter les mêmes gestes, les mêmes paroles, ou certains comportements. Les domaines où il se montre le plus en difficulté restent ceux de la communication, des interactions sociales, et du graphisme. Cette année encore, souffler ses bougies sur son gâteau d'anniversaire n'a pas été possible... Malgré tout, il y a eu de sacrées belles avancées. Au milieu des perpétuelles batailles, je ne suis pas toujours qu'une guerrière. Je suis aussi une mère. Voir grandir Joanne, la découvrir si mûre pour son âge, si souvent prête à m'aider, à me réconforter d'une blague bien sortie, j'ai des « mercis » qui montent vers elle à l'infini. Concernant Allan, tant de douleurs, de fierté et d'espoirs... À l'occasion, je prends la plume, je lui écris un poème. Comme ici, en octobre 2009 :

Ils disent : « ces enfants coupés du monde »,
Mais que veulent-ils que l'on réponde...
Qui aurait cru une seule seconde,
Qu'un jour cette nouvelle tombe...

S'il te plaît Allan, sors de ce nuage,
Il faut à présent écourter ce voyage,
Je vais t'aider à tourner cette page,
Mais il va falloir nous armer de courage.

J'explorerai ton monde pour mieux te comprendre,
Pour savoir comment faire et pouvoir tout t'apprendre,

Peu importe combien de temps, je saurai attendre,
Avec toute ma patience, ça pourrait te surprendre...

Parfois, ce sera à toi de faire le premier pas,
Tu résisteras, je le sais, c'est en toi,
Mais ne crois pas une minute pouvoir gagner ce combat,
Car tu n'as pas le choix si tu veux vivre ici-bas.

Non pas que ton nuage soit des moins confortables,
Il y a même sûrement plein de choses incroyables,
Mais le silence et l'angoisse sont pour moi trop palpables,
Je vais donc t'en sortir, mais personne n'est coupable.

Ces ignorants de psys disent que c'est psychologique,
Tout le monde sait pourtant que c'est bien génétique,
Ils n'auront fait que détruire des familles fantastiques,
Mais pour leur porte-monnaie c'est tellement plus pratique.

S'il te plaît Allan, sors de ce brouillard,
Tu ne peux continuer d'avancer au hasard,
C'est à présent comme un nouveau départ,
Que va-t-il se passer ? On ne peut le savoir...

À nous d'aller chercher tous ces moments de gloire,
Les échecs, les défaites, laissons-les au placard,
Le principal dans tout ça est de garder espoir,
Et continuer de se dire qu'il n'est jamais trop tard.

Surtout Allan ne t'en fais pas,
Nos nuages ne sont pas si éloignés que ça,
Je peux sentir tant de choses quand tu es dans mes bras,
Et entendre tous ces mots que tu ne prononces pas.

Un jour c'est sûr, tu pourras me raconter,
Toutes ces pensées qui t'auront traversé,
En voyant ainsi ta famille se démener,
Pour te donner enfin la chance d'y arriver.

« Cœur de Pirate » est ta chanteuse préférée,
Vogue petit pirate sur cette mer agitée,
Je suis si fière de toi à chacune de tes traversées,
Mon enfant, mon amour, que j'aime pour l'éternité.

8

Au bord du gouffre

L'année 2010 à peine entamée, j'ai déjà l'intuition qu'elle risque d'être compliquée. Bien que portée par tout ce qui a été mis en place pour Allan, le fait d'être quasiment jour et nuit sur le pont depuis trois ans a pour conséquence que je m'essouffle de plus en plus. Mon organisme commence très nettement à accuser le coup. S'il n'y avait pas cet amour immense que j'ai pour lui et qui me sert de carburant, la multitude de casquettes à endosser au quotidien m'aurait épuisée depuis longtemps. D'autant que des tensions apparaissent de plus en plus dans mon couple. Xavier et moi semblons avoir imperceptiblement pris des voies différentes. Impuissante, j'assiste au fait que nous ne sommes pas épargnés par ce qui touche ces parents qui font appel à moi. Nous aussi sommes en train de nous éloigner l'un de l'autre. Pour beaucoup de parents, l'autisme de leur enfant et tout ce qui l'entoure fait voler leur couple en éclat. Tout ce qui n'est pas solidement ancré ne résiste pas. Il est vrai de mon côté qu'à force de déployer en permanence l'énergie d'un 35-tonnes, ma propre légèreté a fini par rester au vestiaire... Nous aussi connaissons notre lot de disputes et il arrive que l'atmosphère de la maison soit souvent glaciale.

Pour en revenir à l'autisme, ce qui est pénible avec ce syndrome c'est que ses manifestations sont protéiformes. Il est donc impossible de se réjouir durablement sur le fait que son enfant ne présente pas certains troubles. Ceux-ci peuvent en effet surgir du jour au lendemain. Ainsi, un enfant qui jusque-là montrait peu de résistance au changement va tout à coup y être ultrasensible et même réfractaire. Un autre, qui jusqu'à présent n'avait jamais eu de démonstration d'agressivité, peut changer du jour au lendemain. Rien ne semble jamais définitivement stable. Lorsque certains troubles apparaissent, d'autres s'estompent..., mais c'est souvent pour revenir ensuite en force, ce qui est extrêmement décourageant ! Pour que des progrès durables s'installent, il est nécessaire de s'appuyer sur le travail constant de toute une équipe de professionnels, sur celui de l'entourage, sans oublier bien entendu celui de l'enfant lui-même. Concernant Allan, excepté le fait qu'il ne s'est jamais automutilé, force m'est de constater qu'il présente absolument tous les signes de l'autisme : il a du mal à fixer le regard, n'apprécie pas les contacts physiques (sauf avec moi Dieu merci !), a tendance à s'isoler, imite difficilement son entourage, présente peu d'intérêt à communiquer, semble ignorer les autres... et j'en passe ! Sans compter, c'est le plus dur parfois, qu'il ne sait pas décoder les émotions. Lorsqu'à bout de ressources il m'arrive de m'effondrer en larmes, il peut parfois éclater de rire car mon chagrin et mon épuisement n'ont aucun sens pour lui. Je ne souhaite à personne de vivre ce genre de situation…

Actuellement, ce sont les trajets en voiture qui lui provoquent une certaine angoisse. Mais comment parvenir à en décoder les raisons ? Souhaite-t-il aller quelque part et se rend-il compte que nous n'y allons pas ? A-t-il « seulement » envie de rester à la maison ? Pour l'aider à mieux supporter nos déplacements, je décide là aussi de m'appuyer sur la communication visuelle, car pour lui les images sont plus parlantes que les mots. C'est d'ailleurs la raison pour laquelle, depuis sa mise en place, le PECS a toujours bien fonctionné. Je réalise donc un planning sur lequel son emploi du temps va être découpé visuellement au moyen de photos. Il y aura par exemple celle de l'école, du Sessad, de la structure ABA, de l'orthophoniste, suivie de celle de Joanne et pour finir celle de la maison. Le principe étant, une fois que nous avons quitté les lieux, de retirer la photo. Les effets sont immédiats : désormais davantage en capacité de comprendre et d'anticiper ce qui le concerne, Allan se montre plus apaisé. Une des autres manifestations qui commence à s'installer pourrait paraître presque anecdotique ou prêter à rire, mais c'est loin d'être le cas. Depuis peu en effet, Allan fait une fixation sur la poussière. Une sorte de phobie… Dès qu'il aperçoit la moindre saleté sur le sol ou encore un fil tombé d'un vêtement, il nous donne le balai en criant : « Meussi ! » ce qui signifie : « Essuie ». Cela a tout d'une injonction et si nous n'obtempérons pas c'est la crise d'angoisse et de pleurs assurée. Et ce plusieurs fois par jour. Moi qui dans ce domaine ai plutôt en horreur la maniaquerie, c'est assez difficile à vivre ! Hors de question d'entrer dans un tel fonctionnement. Je refuse que notre vie devienne invivable à la vue de la moindre poussière au sol. Non, ce que je veux c'est que mon fils s'intègre au maximum dans la vie en société. Or jamais il ne pourra le faire si son seuil de tolérance est si bas. Quitte effectivement à le voir pleurer, je refuse rapidement de céder. Pour l'aider à dépasser cette situation angoissante, nous pratiquons au contraire, comme on nous l'a montré, la méthode éprouvée du « On ignore et on redirige ». Méthode qui, d'ailleurs, nous tient lieu parfois de leitmotiv, tant Allan devient de plus en plus difficile à gérer. Il est devenu tellement intolérant à la moindre frustration que pour éviter au maximum toute crise à la maison, nous avons pris le parti de rayer le mot : « Non » de notre vocabulaire. À la place nous utilisons plutôt : « Stop » ou : « Ce n'est pas possible ». Sans quoi notre fils part en vrille et c'est la crise assurée.

Ce qui est indéniable en revanche, c'est son adaptation à l'école Montessori où il est inscrit à mi-temps depuis la rentrée dernière. Maria, son institutrice, est toujours très positive lorsqu'elle me parle de lui. Comparativement à l'accueil reçu dans l'autre école, c'est particulièrement appréciable ! Ce qui l'est encore plus, c'est qu'elle ait accepté d'être en lien régulier avec les personnes référentes de la structure chargées de mettre en œuvre ses prises en charge. Une communication dans les deux sens s'est établie, ce qui permet par exemple de faire travailler individuellement Allan autour de situations qui l'ont mis en difficulté en groupe. C'est Christelle, bien entendu, qui continue de superviser son suivi. Plusieurs fois dans l'année, elle se déplace jusqu'à l'école pour observer son évolution « en situation ». À l'une de ces occasions, il s'agit de déterminer s'il serait possible pour Allan de se passer de la présence d'Astrid, son AVS, une matinée par semaine. Selon la maîtresse, c'est tout à fait envisageable, mais je souhaite avoir l'avis de Christelle. Après une observation attentive, sa conclusion est qu'il a toujours besoin de stimulation, notamment pour les interactions sociales qui ne sont absolument pas spontanées. En revanche, bien qu'il se montre davantage dispersé et enclin aux stéréotypies gestuelles et verbales, elle remarque qu'il sait mettre en place des stratégies qui n'auraient pas eu lieu d'être s'il avait pu se reposer sur son accompagnatrice. Sa réponse est donc positive. Oui, Allan pourra se passer de son AVS une matinée par semaine. Je l'avoue, je suis extrêmement fière de mon fils ! Concernant les repas qu'il prend à l'école, après un temps d'adaptation, désormais ils se passent bien. Depuis toujours, les repas sont un sujet très sensible chez nous : à 4 ans et demi, il commence tout juste à accepter de manger autre chose que des purées. Si l'on tentait de lui proposer autre chose, il opposait un refus catégorique ! Une nouvelle fois, j'ai donc demandé l'aide de Christelle afin qu'elle vienne à la maison pour une séance de guidance parentale. Elle nous donne quelques conseils, mais selon elle le plus important est de ne pas céder sur un laps de temps donné, une semaine ou quinze jours. Je n'irai pas jusqu'à dire que la période fut simple à vivre, loin de là, mais ça y est ! Pizzas, raviolis, poêlées campagnardes, jambon/

frites, poulet basquaise, spaghettis bolognaise, filet de colin, courgettes grillées, etc., font désormais partie du champ gustatif d'Allan ! Oui, « ne pas céder » est indéniablement la clé de la réussite. Et ça concerne aussi le moment du coucher. J'ai beau respecter à la lettre le rituel du soir, à peine ai-je fermé la porte de sa chambre en lui souhaitant bonne nuit, qu'il se relève systématiquement quelques minutes après. La scène se répète inlassablement… Littéralement épuisée, mais motivée, je décide donc un beau jour de faire le guet derrière la porte. Dès qu'il l'ouvre, il me trouve face à lui, le priant de retourner au lit. Il obtempère, mais à chaque fois il se relève… Donc je reste là, derrière la porte, jusqu'à ce qu'il cède. Et ce, pendant des heures… plusieurs soirs d'affilée… Mais je finis par y arriver.

Un autre domaine dans lequel les évolutions d'Allan sont actuellement manifestes est celui du langage. Un jour, alors que nous quittons la structure à 16 h 30, depuis l'arrière de la voiture je l'entends me dire : « Ma-nège ! » Je n'en reviens pas ! Car en plus du fait qu'il vient d'émettre un souhait verbalement, il vient de prononcer un mot qui compte trois syllabes ! Bien qu'il ait presque 5 ans, ceux-là restent en effet très compliqués pour lui à prononcer. En arrivant dans notre village, nous nous sommes donc évidemment arrêtés sur la place, mais manque de chance le manège est fermé. Malgré tout, pour qu'il puisse se rendre compte par lui-même de la fermeture, nous nous en sommes approchés. Je craignais un peu sa réaction, mais à ma grande surprise il a très bien pris la chose. Ni pleurs ni colère… Une nouvelle fois je suis fière de lui. Sans faute on y retourne demain !

Toujours dans le domaine du langage, une autre évolution concerne le PECS. D'après Christelle, il le maîtrise tellement bien qu'il est temps de passer à l'étape suivante, celle de la « bande-phrase ». Jusqu'à présent, lorsqu'Allan voulait exprimer une demande, il devait chercher dans son classeur le pictogramme correspondant, celui du « gâteau » par exemple. Ensuite, il devait me le montrer et prononcer le mot. À partir de maintenant je vais un peu compliquer les choses. Dans ce classeur qui le suit partout, je fixe une bande plastique sur laquelle est scratché le picto « je veux ». Après avoir ajouté à ce picto celui qui représente ce qu'il souhaite, il devra me montrer le tout et prononcer par exemple : « Je veux » (du) « gâteau ». Je suis certaine que ce sera bientôt l'occasion de l'amener à prononcer toutes sortes de phrases !

Je veux (du) gâteau

Comme j'ai remarqué qu'Allan porte souvent les mains à ses oreilles et qu'il articule les mots avec beaucoup de difficultés, je décide de lui faire passer un nouveau bilan auditif ; le précédent datant de deux ans. Ce en quoi j'ai bien fait car il révèle qu'Allan présente une hyperacousie. Il s'agit d'un dérèglement de l'appareil auditif neuronal se caractérisant par un seuil de tolérance au bruit anormalement bas. Plus légère à l'oreille droite, elle est en revanche très prononcée du côté gauche. Certains sons semblant anodins pour une oreille « normale », sont perçus chez Allan comme étant d'une intensité forte, voire pénible ou douloureuse. Comme me le fait remarquer le médecin ORL, c'est comme si le volume des sons entrant par l'oreille gauche était en permanence à son maximum. Peut-être est-ce là la cause de certains de ses troubles du comportement ou du langage…

— Du coup, ajoute le praticien, il peut aussi entendre les sons à travers les murs.

Un bref instant je crois à une plaisanterie et m'apprête à éclater de rire, puis je me rends compte que non, il est sérieux.

— Eh oui, ajoute-t-il, il est capable d'entendre les ultrasons ou la conversation qui se déroule actuellement dans la pièce voisine, même la porte fermée.

J'avoue que, sur le moment, tout ce que j'ai trouvé à dire c'est :

— OK… donc en fait vous êtes en train de me dire que mon fils a une sorte d'oreille bionique ?

— C'est effectivement un peu ça, me confirme-t-il en souriant.

Décidément Allan, tu n'as pas fini de m'étonner, me suis-je dit en rigolant. S'emparant d'une ordonnance pour lui prescrire des obturateurs antibruit, le médecin m'explique également que tous les bébés à la naissance entendent de cette manière durant plusieurs mois. Ensuite, lorsque certaines connexions se sont effectuées avec le cerveau, c'est ce dernier qui prend en charge la régulation des sons de l'appareil auditif. Dans le cas d'Allan, comme dans celui d'un tiers des personnes autistes, ces connexions ne se sont pas faites. Un jour, une intervenante est sortie d'une séance avec Allan et elle m'a raconté une anecdote à ce sujet : « Il était très concentré sur son travail et tout à coup, il a levé la tête, il est resté immobile comme ça pendant quelques secondes, puis il s'est dirigé précipitamment vers la fenêtre en levant les yeux au ciel. Sur le moment on ne voyait rien, mais au bout de quelques secondes, un avion est apparu, parfaitement silencieux pour tout le monde... Enfin, sauf pour Allan ! Incroyable non ? »

De mon côté, mes réserves d'énergie se sont évanouies depuis belle lurette. C'est dans ce contexte d'épuisement qu'au printemps je prends une décision importante, celle de vendre mon entreprise. Non pas qu'elle ne soit pas rentable, bien au contraire. Seulement je n'en peux plus. Voilà des mois que je suis en mode « survie », dans un état de fatigue permanent, à consacrer mes journées à l'autisme et une partie de mes nuits à mon entreprise. Le peu d'heures où je pourrais me reposer et dormir, je suis régulièrement réveillée par Allan. Si je ne vends pas je vais finir par m'écrouler et je ne peux pas me le permettre. Mes enfants ont trop besoin de moi. Le choix s'impose donc de lui-même et il finit même par être un soulagement. À cette occasion, voici un petit poème écrit dans le courant du mois de juin :

BabyWeby.com, ça y est, c'est terminé,
Psychologiquement j'aurais pu continuer,
Mais mon corps tout entier me demande d'arrêter,
Alors je décide simplement de l'écouter.

J'entends déjà : « Tu ne vas pas faire carrière ? »
Mais franchement, qu'est-ce que j'en ai à faire...
Dans ce boulot, j'ai l'impression que l'on m'enterre,
Est-ce que ça en vaut la peine, même pour un salaire ?

Marre de tous ces gens si stressés, si pressés,
Ils ne m'inspirent que ras-le-bol et pitié,
Avec leurs « problèmes » si loin de ma réalité,
Je n'en peux plus face à tant de futilités...

Gérer une entreprise et l'avenir de mon fils,
C'est peut-être un peu trop, qu'est-ce que vous en dites ?
Et je ne peux risquer qu'un jour il en pâtisse,
Surtout avec le temps qui défile aussi vite...

Oui, je vois tous vos visages pleins de surprise,
Mais comprenez, je suis déjà chef d'entreprise,
Il est vraiment temps pour moi de lâcher prise,
Prendre du recul est à présent ma devise.

Depuis cette décision me voilà plus sereine,
Moins cette sensation d'avoir toujours la tête pleine,
Plus souriante aussi, donc ça en vaut la peine,
Le temps me donnera raison, ça, j'en suis certaine.
Un jour on m'a dit que je portais ma croix,
Je ne porte rien d'autre que mon amour pour toi,

Je suis juste sous contrat avec cette « maladie »
Et crois-moi je veillerai à ce qu'il soit bien rempli.

Car il est bien spécifié, en gras et souligné,
Si je n'abandonne pas, tu seras sauvé,
Mais personne ne sera là pour nous aider,
Hormis ma famille, mes amis, mes bien-aimés.

Car ce n'est pas sur l'État que je peux compter,
En quoi nos enfants peuvent-ils les intéresser ?
Qu'ont-ils exactement à nous proposer ?
À part de la « tranquillité » au fond d'un gobelet.

Arrêtez vos discours totalement déserts !
C'est à présent un combat de mères,
En attendant que la science exauce nos prières,
Nous patientons avec nos rêves d'humanitaire.

Regarde mon fils, il redonne vie à l'espoir !
Allez sur mon blog si vous voulez tout savoir,
Vous n'avez qu'à lire son incroyable histoire,
Qui marquera pour toujours nos mémoires.

S'il le faut, je prendrai perpét dans ses yeux verts,
Sans hésiter, jusqu'à ce que les miens s'éteignent,
Mais ce n'est pas ce que je souhaite dans mes prières,
Au contraire, qu'il s'envole et que sa vie soit pleine,

De rencontres, de voyages, d'amis et de conquêtes,
Ou des virées sur un voilier en solitaire,
Une femme à ses côtés si c'est ce qu'il souhaite,
Qu'importe pourvu qu'il soit libre sur cette terre...

J'ai bien fait de vendre. Début juillet, les vacances scolaires débutent. Là où pour la majorité des gens, vacances riment avec soleil et détente, pour moi les étés sont éprouvants. Plus que cela même en cette année 2010. Comme il a beaucoup de mal à gérer les changements de situation, Allan est extrêmement perturbé que son emploi du temps soit modifié. D'autant que ces derniers mois il a beaucoup évolué et que depuis toujours, dès qu'un trouble du comportement disparaît un autre apparaît dans la foulée. Jamais on ne peut avoir la sensation d'avoir enfin sorti la tête de l'eau. Du moins pas pour très longtemps. Si jusque-là les périodes de congé n'ont jamais été faciles à vivre avec lui, ces deux mois d'été cette année sont les pires. En effet, depuis quelque temps il est devenu très agressif, et en particulier avec moi. Dans un sens cela se comprend, puisque pour Allan, je suis celle qui a droit à tous les extrêmes. Autant c'est avec moi qu'il est le plus câlin, autant c'est sur moi aussi que ressort le plus son agressivité. Les crises, les comportements violents ont toujours été plus ou moins présents, sauf que là c'est différent. Totalement différent. Allan semble ne plus supporter la moindre frustration et tout le met dans une colère indescriptible : il hurle, se jette sur moi pour m'attraper les cheveux et les tirer de toutes ses forces, me donne de violents coups de pieds, se jette par terre, ou encore me projette violemment au visage tout ce qui lui tombe sous la main… Pour absolument tout et n'importe quoi, les mêmes scènes se répètent de manière quasi quotidienne. J'ai l'impression que cela n'aura pas de fin. C'est à peine si je peux juste lui demander de s'asseoir dans la voiture sur son siège-auto avant qu'il ne se mette dans un tel état. J'en viens au point d'appréhender à chaque fois le moment où je vais devoir me pencher devant lui pour attacher sa ceinture. C'est... Je n'ai pas les mots pour décrire tout cela... Cela provoque en moi une cassure, quelque chose d'absolument destructeur. Après trois années à investir pour lui pratiquement chaque parcelle de ma vie, impossible d'avoir le recul nécessaire pour intégrer le fait que rien de tout ça n'est en réalité dirigé contre moi. Que faute d'autres moyens d'expression, c'est la seule manière qu'il a de communiquer qu'il n'est pas bien, de tenter de me faire passer un message. Message que je me sens incapable de décoder...

Chaque journée qui passe ressemble si désespérément à la précédente que je me sens sombrer. Ma vie semble se résumer à une litanie d'agressivité et de coups. En permanence je me sens au bord d'un gouffre, à deux doigts de m'y laisser couler... À tel point qu'il ne se passe pas un jour sans que l'idée d'en finir ne me traverse l'esprit. Rien de vraiment planifié, ni de déterminé... Seulement une idée lancinante qui m'apparaît parfois comme la seule issue possible. Et cela dure des mois... Comme un besoin vital que tout s'arrête. Curieux, n'est-ce pas, que le terme « vital » intervienne dans l'envie de mourir ? Pourtant c'est ainsi que je le ressens. Car dans ces moments de profond désespoir, la mort me semble si douce, si apaisante en comparaison de ce que je vis au quotidien, que je finis par l'entrevoir comme une véritable délivrance. Il y a tellement de moments où je me sens triste de ne pas réussir à le comprendre, à l'aider. Tellement de moments où je me sens seule et démunie.

Cette violence, je n'en veux plus. Je n'en peux plus. Tout comme je n'en peux plus de ne pas dormir, de me battre en permanence avec les administrations, de croiser dans la rue des regards qui me jugent, de voir mon couple se déchirer, de ne plus avoir de temps à consacrer à ma fille, de passer ma vie en voiture pour assurer tous les rendez-vous... Au fond de moi, je crois que je sais que je n'en viendrai jamais à cette extrémité, à cette porte de sortie. Mais de savoir qu'elle existe est rassurant pour moi. Savoir que si la douleur me submerge entièrement, je sais où est l'interrupteur. Le savoir est peut-être d'ailleurs ce qui me fait repousser mes limites. Ajouté à cela, sans doute, mon âme de guerrière. Et bien évidemment l'amour infini que j'ai pour mes enfants. Quel puissant moteur pour ne rien lâcher. Pour m'aider à garder espoir. Pour m'aider à me relever.

Dans tout ce tumulte intérieur, jamais je ne perds de vue qu'en cas de troubles du comportement importants, ce qui fonctionne le mieux avec Allan c'est l'éternel mot d'ordre « ignorer et rediriger ». Plus on va réagir à son comportement négatif, plus au contraire on va le renforcer ou l'accentuer. L'idée est donc d'ignorer complètement en apparence celui-ci. Faire comme si de rien n'était pour le rediriger vers quelque chose de positif et de motivant pour lui. Imaginez un peu la difficulté quand on vient de se faire violemment agresser, que des objets auxquels on tenait viennent d'être cassés ou pire encore, projetés sur vous... Pour un peu on aurait presque l'impression d'être en train de le récompenser. Mais il faut croire que pour son propre enfant on est capable de bien des choses, y compris de celles-ci. Tout finit donc plus ou moins par rentrer dans l'ordre, même si, malheureusement, je sais que ce n'est que provisoire.

Pour Christelle comme pour moi, mais également pour tous les parents des enfants suivis dans la structure, la bonne nouvelle en ce mois de juillet est son financement par l'État, déclaré à présent officiel à compter du 1er octobre. À force d'entêtement et d'un labeur acharné, nous avons gagné ! Tout ce que nous avons patiemment mis en place depuis trois ans est enfin validé ! Non seulement c'est une joie immense, mais c'est aussi pour l'équipe la reconnaissance officielle de la qualité de son travail. Pour ce qui est des intervenants, jusqu'alors rémunérés par les familles au moyen de Chèques emploi service universel, ils seront bientôt salariés de l'association. Quant aux familles, les répercussions pour elles sont très importantes. Alors que jusqu'à présent elles étaient chaque mois littéralement asphyxiées par le coût des prises en charge de leur enfant, celles-ci vont prochainement être financées par l'État. En revanche, impossible pour notre fils de continuer à être suivi par le Sessad du professeur Rogé. En effet, vu le nombre d'enfants sur liste d'attente, jamais la MDPH n'acceptera de financer des prises en charge dans deux établissements différents. Ce qui est bien sûr compréhensible. Si jusque-là le doublet était possible, c'est parce que nous financions la structure ABA sur nos propres deniers. De toute façon, les deux structures ne sont plus nécessaires à présent car tous les enfants, sans distinction, vont bénéficier de vingt heures de prise en charge par semaine !

Après la vente de ma boutique en ligne, je décide de me mettre à la recherche d'un emploi. Fin août, j'envoie donc une série de candidatures spontanées en direction de plusieurs enseignes de la grande distribution. Mon idée de départ est de chercher un poste à mi-temps le matin. Dans les jours qui suivent, je suis contactée par le directeur d'un Intermarché pour un entretien d'embauche. Ce qu'il me propose n'a non seulement rien à voir avec mes précédents postes – puisqu'il s'agit d'un emploi de responsable d'accueil et d'assistante de la chef de caisse –, mais de plus c'est pour un temps complet. Avec les multiples trajets nécessaires pour les prises en charge d'Allan, je vois mal comment cela pourrait coller, aussi je lui en fais part. Eh bien chose incroyable, il tient tellement à m'embaucher qu'il me propose un emploi du temps « à la carte » et me laisse la liberté de déterminer mes horaires ! L'unique condition qu'il pose est que je fasse une fermeture du magasin par semaine, ce que j'accepte bien évidemment. Je vais ainsi pouvoir continuer de m'occuper d'Allan le matin, l'amener à l'école, le récupérer en fin d'après-midi après ses prises en charge, être avec lui le soir et continuer de m'impliquer dans la structure ABA. Le tout avec un salaire pour un plein-temps.

C'est donc avec sérénité que nous débutons cette nouvelle rentrée scolaire. Pour sa deuxième rentrée à Montessori, Allan est passé dans la classe des grands, ce qui a nécessité un certain temps d'adaptation avant qu'il ne trouve ses repères. Mais dans l'ensemble, la reprise de l'école s'avère bénéfique pour lui. Du côté de la structure ABA, l'association parisienne disposant de moyens financiers suffisants, le président décide de ne pas attendre les financements de l'État pour commencer à tout organiser. Maintenant qu'il a la confirmation du ministère entre les mains, il sait que ce n'est plus qu'une question de temps. Rapidement, il me demande de trouver un autre local plus spacieux et de diffuser des offres d'emploi pour trouver de nouveaux intervenants. Pour ceux qui sont déjà présents, l'association ne tarde pas à leur établir un contrat de travail. Impatiente de pouvoir accueillir de nouveaux enfants qui patientent depuis trop longtemps sur notre liste d'attente, je m'attelle immédiatement aux tâches qui me sont confiées. Toute l'équipe se mobilise et les choses s'enchaînent alors très vite : visite de plusieurs locaux, entretiens d'embauche, déménagement, achat de nouveaux matériels, organisation de la nouvelle structure, formation des nouveaux intervenants, etc. Nous montrons tellement d'enthousiasme et de motivation, qu'il ne nous a fallu que deux mois pour tout mettre en place. Début septembre, tous les intervenants sont salariés de l'association et six nouveaux enfants rejoignent l'équipe. Les prises en charge peuvent à présent débuter dans nos nouveaux locaux ! Pourtant, une seule ombre subsiste encore au tableau... Nous sommes fin septembre et l'association n'a pas encore perçu le moindre financement de l'ARS. Vu le coût important qu'il représente et pour ne pas se retrouver en difficulté financière, elle décide de leur envoyer un courrier recommandé pour leur rappeler leurs obligations. Celle-ci ne tarde pas à réagir et leur réponse provoque chez nous une certaine inquiétude... En effet, ils stipulent dans leur lettre que toute autorisation délivrée pour les projets de création d'établissements médico-sociaux est uniquement valable sous réserve du résultat d'une visite de conformité et celle-ci aura lieu en octobre. Reste à savoir ce qu'ils entendent exactement par « mise en conformité »... Si cela signifie se conformer à ce qui existe déjà aujourd'hui, nous allons avoir un gros souci... Et nous allons surtout devoir leur rappeler que nous avons obtenu ce financement dans le cadre du développement des structures expérimentales et innovantes.

9

Sur le pied de guerre

Inclus dans l'effectif du Sessad depuis son ouverture en décembre 2007, ce n'est pas sans un pincement au cœur qu'Allan a fait ses adieux à tout le monde. Pincement au cœur qui vaut d'ailleurs aussi pour moi. Au sein de la structure ABA, depuis le changement de statut, Allan bénéficie maintenant de vingt heures de prise en charge par semaine qui se décomposent de la façon suivante : trois heures d'accompagnement à l'école Montessori où il se rend quatre matinées par semaine et trois heures d'intervention à domicile. Quant aux quatorze heures en individuel dans nos locaux, elles sont effectuées par différents intervenants et sont plutôt axées sur le PEI (Programme éducatif individuel). Concernant les heures d'intervention à domicile, celles-ci sont découpées en une heure de trajet en transport en commun avec son intervenante, puis deux heures à la maison notamment pour travailler tout ce qui a trait à l'hygiène. Elles sont également l'occasion de développer ses capacités à jouer à des jeux de son âge, de manière à ce qu'il puisse ensuite reproduire celles-ci avec ses camarades de classe.

Seulement, ce n'est pas pour autant que l'ambiance est au beau fixe au sein de la structure ABA en ce début d'année 2011. Je dirais même que l'inquiétude n'en finit plus de monter au sein de l'équipe et des familles depuis que la visite de conformité de l'ARS n'a pas donné les résultats escomptés. Suite à celle-ci, le compte rendu qu'elle nous a envoyé ne fait que confirmer ce que l'on redoutait. En résumé, ils attendent que l'organisation et le fonctionnement de notre structure répondent aux exigences d'une structure médico-sociale « classique » et qu'elle respecte de ce fait chaque règle de la convention collective que nous avons sélectionnée, censée correspondre à notre activité. Sauf que ce n'est pas le cas car elle n'existe pas… Nous l'avons choisie un peu par « défaut » car, aujourd'hui, aucune convention collective ne correspond au fonctionnement d'une structure novatrice comme la nôtre. C'est d'ailleurs dans le cadre du développement des structures expérimentales et innovantes, lancé par le plan autisme 2008-2010, que nous avons obtenu ce financement. Par définition, elle n'a donc pas pour vocation de se calquer sur un système déjà existant. Autant dire que nous sommes face à une sorte de vide juridique, mais l'ARS se montre intransigeante. Ils exigent par exemple que tous les intervenants de la structure soient diplômés alors qu'ils exercent un métier qui n'existe quasiment pas en France… Le seul et unique master AEAC – Analyse expérimentale et appliquée du comportement – se trouve à Lille 3 et les quelques diplômés qui en sortent chaque année « s'arrachent à prix d'or ». Nous avons beau leur expliquer que la formation d'un intervenant ABA ne correspond en rien à celle d'un(e) éducateur(trice) spécialisé(e), rien n'y fait... Tous nos intervenants sont pourtant formés en permanence par notre psychologue diplômée. Chaque mois, ils reçoivent une supervision mensuelle d'un professionnel diplômé en ABA de Autism Center en Suède, car aucun professionnel français n'a pour l'instant ce degré de qualification. Ce qui devrait également convaincre l'ARS de la qualité de la formation qui est proposée, ce sont les progrès importants que fait régulièrement chaque enfant, progrès qui prouve tout simplement que notre système fonctionne.

C'est alors un véritable rapport de force qui s'installe entre l'ARS et l'association parisienne. Les appels et les courriers fusent de tous les côtés, mais la situation reste totalement bloquée. Nous sommes à présent fin mars et depuis le mois de septembre l'association assume seule l'énorme coût que représente notre structure : loyers, matériels, salaires, charges, etc. À tel point que sa situation financière est à présent mise en péril, tout comme les emplois des quatorze salariés et les prises en charge des douze enfants. Ce qui était jusque-là une superbe aventure tourne à présent en véritable cauchemar. Étant souvent en contact avec le président de l'association, j'informe régulièrement les intervenants et les familles sur « l'avancée » des négociations. J'utilise volontairement des guillemets car en réalité il n'y en a aucune... Non seulement nous sommes face à un mur, mais nous sommes sur le point de tout perdre. Personnellement je n'en dors plus la nuit. Tout ça pour ça... Je n'arrive pas à y croire... Il n'y a donc rien dans ce pays qui fonctionne normalement pour aider nos enfants ? Pire, dans ce désert de l'autisme, on s'évertue à trouver des solutions, on y passe des heures, des jours, des nuits..., on sacrifie notre job pour faire celui de l'État et malgré ça, rien ! Non seulement personne n'est là pour nous aider à boucler la phase finale, mais on vient en plus nous saboter le travail... C'est juste insupportable. Alors, décidés à mettre fin à ce cynisme et à cette maltraitance administrative, nous décidons avec l'association d'organiser une manifestation devant l'ARS le 13 avril.

Tous réunis, j'explique à l'équipe et aux familles à quel point la situation est dramatique. L'association ne sera bientôt plus en mesure de supporter le coût financier que représente notre structure. Elle sera donc forcée de fermer, entraînant dans sa chute l'unité de Paris et celle de Toulouse si une solution n'est pas rapidement trouvée. Je leur explique alors la nécessité d'organiser cette manifestation et l'importance d'être tous mobilisés dans cette action. Les réactions ne se font pas attendre et les choses s'organisent très rapidement. Nous parents, avons décidé de créer une pancarte à l'effigie de notre enfant, accompagnée d'un slogan. Sur l'une d'entre elles, sous la photo d'une magnifique petite fille, on peut lire : « Cette année, environ huit mille enfants naîtront autistes. Subiront-ils le même sort que moi ? » Sur une autre, à côté du visage angélique de son petit garçon, une maman écrit : « J'ai déjà quitté ma ville natale pour accéder à une bonne prise en charge. Dois-je à présent quitter mon pays ? » Peu à peu, douze pancartes prennent vie et tout le monde pourra bientôt mettre un visage sur ces enfants que le système s'apprête à sacrifier.

Nous sommes le 13 avril. Motivés comme jamais, nous voici tous mobilisés devant les grilles de l'Agence régionale de santé. Intervenants, parents, amis, familles, journalistes, etc., tout le monde est présent. Armés de nos pancartes et de mégaphones, nous crions au scandale sans relâche. Malgré le froid, aujourd'hui le soleil nous accompagne et nous sommes déterminés à rester le temps qu'il faudra. Il y a aussi parmi nous Joanne, bien décidée à défendre la prise en charge de son petit frère. À cette occasion, le président de l'association a bien sûr fait le déplacement, d'autant plus que nous devons rencontrer plusieurs personnes de l'ARS ce matin à 10 heures. Après avoir donné quelques interviews et sous les encouragements de la foule, nous rentrons tous les deux en rendez-vous. Visiblement, les personnes ici présentes n'apprécient pas d'être sous les projecteurs des journalistes qui patientent en bas, ni le vacarme qui a lieu autour d'eux. L'ambiance est particulièrement tendue… Si au départ cette réunion s'avère un peu houleuse, elle se poursuit de manière un peu plus constructive. Nous tentons alors de leur expliquer que les formations actuellement délivrées en France sont largement insuffisantes, qu'elles ne répondent pas aux besoins spécifiques de l'autisme et que c'est d'ailleurs pour cette raison qu'une partie du plan Autisme prévoit la création de nouveaux métiers. Nous insistons à nouveau sur le fait que les intervenants sont supervisés par des psychologues spécialisés quatre heures par semaine, tandis que les parents le sont également une heure par semaine. Que ce soient les psychologues, les intervenants ou les parents, tous reçoivent une supervision mensuelle pointue d'un superviseur diplômé au niveau international (BCBA[1]). Nous nous efforçons également de leur expliquer notre stratégie d'intervention, basée sur une mutualisation des compétences de tous les acteurs et sur le partenariat entre parents et professionnels : cela permet un échange de connaissances bénéfiques pour l'enfant, et contribue à l'élaboration d'un projet éducatif complet et personnalisé. Abordant également en détail chaque point bloquant soulevé lors de leur visite de conformité, nous n'avons de cesse de justifier le bien-fondé de notre projet, pourtant déjà validé par les pouvoirs publics... Mais ce temps et cette énergie que nous avons déployés à le défendre ne restent pas vains. Lorsque la réunion touche à sa fin, nous obtenons enfin l'assurance que les financements seront débloqués dans les semaines suivantes. C'est alors victorieux et fiers que nous quittons la salle, puis nous nous dirigeons vers l'enceinte extérieure, impatients d'annoncer cette excellente nouvelle !

Épuisées, mais heureuses, Joanne et moi rentrons à la maison en fin de journée et faisons un résumé à Xavier. Puis je m'empresse d'aller voir Allan, qui a visiblement aussi des choses à me raconter... Tandis que nous étions en train de manifester, lui était toute la matinée à la piscine avec une éducatrice. Même si le dialogue avec Allan n'est pas encore établi, je lui demande machinalement si tout s'est bien passé et s'il s'est bien amusé. Bien sûr, je ne m'attends pas vraiment à une réponse de sa part, mais j'ai pris cette habitude de faire la conversation pour nous deux, en espérant que ça l'encourage un jour à prendre la relève. Puis je m'apprête à le coucher et je

1. Certification en analyse du comportement, délivrée par le BACB *(Behavior Analyst Certification Board)* correspondant à un niveau universitaire bac + 5.

me mets à chercher un livre pour lui lire une histoire. Ayant trouvé mon bonheur parmi les nombreux ouvrages présents dans sa bibliothèque, je m'approche de lui, mais avant même d'avoir eu le temps de m'asseoir à ses côtés, il me regarde, soulève le haut de son pyjama et me dit : « Bobo à la piscine. » Je découvre alors une griffure dessinée sur ses côtes. Sur le moment je reste sans voix… Depuis qu'Allan est né, c'est la première fois en six ans qu'il me fait part d'un événement survenu dans sa journée… Particulièrement émue, je sens les larmes monter puis je réprime un sourire et exprime à Allan toute mon empathie face à cet incident malheureux. Mais au fond de moi j'ai tellement envie de sauter de joie !

Deux jours après, un événement à peu près similaire se produit. Comme tous les matins, Allan part en voiture avec son AVS Anaëlle pour se rendre à l'école Montessori. Une fois arrivés au péage, ils patientent derrière un camion le temps que celui-ci franchisse la barrière. Seulement, ça ne passe pas du tout comme prévu et à leur grande surprise, le camion se met à reculer. Le chauffeur n'ayant visiblement pas vu la voiture d'Anaëlle située juste derrière lui, il percute son véhicule. Le radiateur étant totalement enfoncé, impossible pour elle de repartir. Elle se gare donc sur le côté, appelle la dépanneuse, rassure Allan sur le fait que tout va bien et établit un constat avec le chauffeur. Puis elle m'appelle pour que je vienne les récupérer. Le soir même, alors que nous étions tous à table en famille en train de discuter, Allan nous interrompt tout à coup en disant : « La voiture Anaëlle cassée ! » Stupéfaits, nous l'avons tous regardé. Dans ce genre de situation, c'est un peu comme si tout à coup le temps s'arrêtait pour nous laisser réaliser et savourer ce qui est en train de se passer… Ces épisodes font partie de ces petits événements qui peuvent paraître totalement anodins pour la plupart des gens, mais qui sont exceptionnels pour moi, et j'en remercie sincèrement Allan. Non seulement il m'apprend l'humilité, mais il me pousse à m'émerveiller devant des choses simples, il m'aide à comprendre ce que signifie réellement « la persévérance », et tout le bonheur qu'on peut en retirer.

La fin de l'été approche et celui-ci est beaucoup plus mouvementé que je ne l'aurais pensé car Xavier et moi allons bientôt nous séparer. Je dois donc trouver rapidement un appartement et organiser le planning de la rentrée scolaire en conséquence. Allan étant très sensible aux changements, il va y avoir également un gros travail à faire de ce côté-là, mais heureusement, j'ai l'appui de toute l'équipe de professionnels qui l'entoure pour m'y aider. Pour nous faciliter la tâche, je cherche un logement à Toulouse qui soit à la fois près de la structure ABA et au plus proche du nouveau lycée de Joanne. Par chance, je trouve un joli T3 à quelques kilomètres de là. Je décide donc d'anticiper et je prépare à Allan un petit séquentiel sur lequel il peut visualiser chaque étape par laquelle nous allons prochainement passer : signature du bail, préparation des cartons, location d'une camionnette, déménagement, aménagement, changement d'adresse auprès de toutes les administrations, etc. Cette technique a particulièrement bien marché car Allan n'a pas du tout angoissé et nous avons pu alors prendre possession sereinement de notre nouvel appartement.

10

Nombreux changements en perspective

Comme pour tous les parents, il m'arrive bien sûr de refuser certaines choses à mon fils. Aujourd'hui par exemple, il persiste à vouloir regarder en boucle le passage d'un dessin animé qu'il affectionne particulièrement. Estimant que ça devient trop envahissant, je lui prends sa tablette et tente de le diriger vers une autre activité, mais sans succès... Allan continue d'insister. Alors pour couper court je finis par changer de pièce, espérant qu'il saisisse que pour moi le sujet est clos. Mais qui vois-je arriver quelques minutes plus tard ? Allan bien entendu, visiblement très frustré par cette situation. Levant les yeux vers moi et me regardant bien en face, il me lâche tout à coup : « Tu n'es pas gentille ! » Si le contexte avait été différent, j'aurais sans doute très peu apprécié la « sortie ». Or là j'avoue qu'il m'est difficile de réprimer un sourire, ce qui visiblement déconcerte mon fils. Eh oui ! C'est cela aussi l'effet magique de l'autisme : votre enfant vient vous faire un reproche et vous, vous savourez le fait qu'il vient de franchir une étape dans sa maîtrise du langage et dans sa capacité à vous regarder ! Car si d'une manière générale son vocabulaire est encore très pauvre, sa capacité verbale a tendance à s'améliorer. Et dans certaines occasions, les stratégies personnelles dont il fait usage spontanément donnent lieu parfois à de délicieuses pépites. Ainsi, un jour où nous sommes à table, Allan vient de finir son plat principal. Le voyant prêt à passer au dessert, je vais lui chercher son yaourt et sa cuillère. Sauf qu'une fois devant le tiroir des couverts, je m'aperçois que toutes les petites cuillères sont dans le lave-vaisselle, il n'en reste que des grandes. Sachant qu'il lui est déjà arrivé par lui-même d'en utiliser, j'en attrape une que je lui amène puis je retourne m'asseoir. Mais le voilà quelques secondes plus tard, visiblement contrarié, qui se met à râler et à s'énerver de plus en plus. Souhaitant comprendre ce qui se passe, je lui demande de se calmer et d'essayer de me dire ce qui ne va pas. Je le vois alors tout à coup s'arrêter, se mettre à réfléchir intensément, puis dire en me regardant : « Je veux le bébé cuillère ! » N'ayant pas réussi à formuler autrement ce qu'il souhaitait, à savoir une petite cuillère, c'était la formulation qu'il avait inventée pour se faire comprendre. Et sincèrement, je l'ai trouvée excellente !

Juin 2012 marque la fin de la scolarité d'Allan à l'école Montessori. En deux ans il s'y est épanoui et voici un extrait du bilan remis en fin d'année scolaire : « Aujourd'hui Allan a les connaissances requises pour intégrer le CP avec un accompagnement permanent. [...] Il s'est montré drôle et rieur avec ses camarades, de plus en plus sensible à leur présence et à leurs différentes personnalités. [...] C'est un garçon très attachant qui sera ravi d'être stimulé par d'autres enfants de la classe de CP. Il a besoin de stabilité dans son cadre de vie et d'être rassuré par son assistante. » Cette école fut une expérience humaine extraordinaire et le tremplin idéal vers l'école classique. Lorsque votre enfant a la chance de bénéficier de la pédagogie Montessori, on comprend mille fois mieux à quel point Maria Montessori s'est intéressée à l'époque à ces enfants au développement atypique, mais surtout à quel point elle avait compris leur fonctionnement. Que ce soit la posture de l'enseignant, l'environnement ou encore le matériel, tout a été pensé et étudié avec intelligence, justesse et bienveillance. Ce qui est suffisamment rare pour le souligner...

Si, pour son entrée en CP, j'ai décidé de l'inscrire dans une école ordinaire, hors de question cependant de la choisir au hasard. Non seulement ma première expérience en la matière m'a servi de leçon, mais les nombreux parents qui me font part des difficultés d'accueil de leur enfant en milieu scolaire m'ont ouvert les yeux depuis bien longtemps. Je ne me fais aucune illusion sur ce qui m'attend. C'est donc un véritable parcours du combattant que j'entame pour que les droits de mon fils à recevoir une instruction soient purement et simplement respectés. Droits figurant noir sur blanc dans l'article 19 de la loi de février 2005 : « Dans ses domaines de compétence, l'État met en place les moyens financiers et humains nécessaires à la scolarisation en milieu ordinaire des enfants, adolescents ou adultes handicapés. » (!) « Sur le papier » tout semble parfait, mais trouver une école dans laquelle un enfant différent est le bienvenu paraît être mission impossible. D'autant plus pour moi qui ai une exigence sur laquelle je ne suis pas prête à transiger : ce que je recherche avant tout, c'est un chef d'établissement qui accepte que je recrute, forme et rémunère moi-même l'AVS de mon fils. Hors de question de laisser le rectorat s'en charger à ma place. Grâce à tous les témoignages que je reçois, je connais très bien la situation sur laquelle cela risque de déboucher : fréquemment, il n'y a pas d'AVS le jour de la rentrée scolaire. Et, quand vous avez la chance d'avoir une personne attribuée à votre enfant, elle est employée en contrat précaire et n'est généralement pas formée. Ce qui est souvent la porte ouverte à un départ en cours d'année pour cause de meilleur emploi trouvé ailleurs ; le fameux turn-over des AVS... D'autre part, alors qu'un éducateur spécialisé bénéficie de trois années de formation consacrées au handicap, les AVS n'en reçoivent au mieux que soixante heures. Et encore, pas dans toutes les académies... Le cadre même de leur recrutement est une aberration ! D'une manière ahurissante, ces postes sont réservés principalement à des personnes qui n'ont aucune notion de ce qu'est le handicap. La plupart du temps, il s'agit de personnes éloignées du monde du travail depuis un certain temps, pouvant prétendre de cette manière à un contrat CUI[1] – contrat unique d'insertion. À y regarder de plus près, il semble évident qu'il s'agit davantage d'un dispositif de lutte contre le chômage par le biais

1. Le contrat unique d'insertion (CUI) a pour objet de faciliter l'insertion professionnelle des personnes sans emploi rencontrant des difficultés sociales et professionnelles particulières d'accès à l'emploi.

de contrats aidés précaires que de la véritable prise en compte des besoins de nos enfants. Révoltant !

C'est donc sans beaucoup d'espoir que j'entreprends de visiter plusieurs écoles. Eh bien ! L'accueil qu'on me réserve est plutôt glacial ! Parmi tous les profils rencontrés, les pires sont ceux qui, au mépris de la loi, me répondent que : « Cela ne va pas être possible. » ou encore : « Désolés, mais nous ne sommes pas en mesure d'accueillir ce type d'enfants. » Sans doute s'imaginent-ils être au-dessus des lois ? Bien évidemment, j'en rappelle à chacun le cadre, mais sans insister pour autant. Inutile de leur mettre la pression et d'y user mon énergie ; ils ne m'inspirent aucune envie de leur confier mon fils. Dans d'autres écoles on me prend de haut. Pour qui est-ce que je me prends, voyons ! « S'il existe des règles, c'est qu'elles sont faites pour être appliquées et respectées madame ! » En gros, mon fils peut être inscrit chez eux pour la rentrée prochaine, mais seulement si je m'incline devant les diktats du rectorat. Moi ? Me plier au système et respecter des dispositions qui s'effectueront au détriment de mon fils ? Certainement pas, non. C'est bien mal me connaître... À mon tour de leur expliquer à quel point le système est défaillant et combien il peut être maltraitant vis-à-vis des enfants qu'il concerne. Quitte à visiter une cinquantaine d'écoles – voire à déménager – je ne baisserai pas les bras tant que je n'aurai pas trouvé ce que je cherche.

Après des jours et des jours de recherches, je tombe sur la directrice d'une petite école privée du centre de Toulouse. Dès notre première rencontre, je suis touchée par toute la bienveillance qui émane de cette femme.

Profondément humaine, elle est aussi extrêmement lucide sur les difficultés que l'on rencontre lorsqu'on veut scolariser un enfant en situation de handicap. Et là où je vois habituellement les visages se fermer, le sien au contraire s'illumine lorsque je lui explique mon souhait de recruter moi-même la future AVS d'Allan. Simple et directe, sa réponse est immédiate : « Si vous avez la possibilité de le faire, vous avez mon accord. Parce que franchement, je n'en peux plus de tous les problèmes que je rencontre avec les AVS ! » Quel plaisir de la sentir sur la même longueur d'onde que moi ! Allan pourra faire sa rentrée en CP dans les meilleures conditions. Mais qu'on ne vienne surtout pas me parler d'égalité des chances. C'est le système entier qui est injuste et discriminant. Et dans ce réel parcours du combattant, inutile de préciser que nous n'avons pas tous la même énergie à y mettre, ni les mêmes possibilités à tout gérer... Sans parler évidemment des moyens financiers.

Cependant, pour assurer mes arrières, montrer ma bonne volonté et pour que l'on ne puisse pas me reprocher de ne pas avoir au moins essayé, j'envoie à la MDPH une demande d'AVS en bonne et due forme. Une fois celle-ci validée, elle sera transmise au rectorat, la structure administrative censée m'envoyer une personne suffisamment qualifiée pour s'occuper de mon fils au sein de l'école. J'avoue être particulièrement curieuse de voir qui se présentera – ou plutôt... qui ne se présentera pas – le jour de la prochaine rentrée scolaire. Je pense, sans trop me tromper, que je ne vais pas manquer d'arguments pour justifier l'embauche de ma propre AVS...

Lorsqu'il m'arrive parfois de « regarder en arrière » et de me demander : « Si c'était à refaire, est-ce que je ferais différemment ? » c'est toujours la même réponse qui me vient à l'esprit : « Non. Mis à part une chose. » Celle qui concerne les responsabilités que j'ai confiées à Joanne l'année qui a suivi ma séparation avec Xavier. Bien qu'ayant à son égard une infinie reconnaissance, j'ai également au fond de moi l'immense regret d'avoir dû autant compter sur elle.

Un beau jour, le directeur du magasin dans lequel je travaille me propose un changement de poste. Il s'agit de passer responsable du fichier informatique. Mieux rémunéré, le travail promet également d'être plus intéressant que le précédent. Il va aussi me permettre de disposer de tous mes après-midi durant lesquels je pourrais m'occuper davantage de la structure ABA en tant que directrice bénévole. En contrepartie, l'inconvénient majeur est de devoir travailler tous les jours de 7 heures du matin..., samedi y compris, jusqu'à 13 heures. L'organisation matinale du foyer est donc à revoir dans sa globalité. En repensant à cette période, très sincèrement je m'en veux. En tant que mère j'aurais souhaité par-dessus tout être celle sur qui l'on se repose et non l'inverse. Mais fidèle à ce qu'elle a toujours été, c'est-à-dire un soutien indéfectible, Joanne me donne son approbation totale pour ce changement de poste. Pourtant, son accord signifie qu'elle s'engage désormais à prendre en charge son petit frère tous les matins. À ce moment précis, je ne sais pas si elle a vraiment conscience de l'énorme charge qui va peser sur ses épaules. Personnellement, ce n'est que plus tard que je vais réaliser le degré de responsabilité qu'elle a accepté. Depuis toujours elle est investie auprès de son frère, si attentionnée envers lui tout comme envers moi, perpétuellement dans l'action, à vouloir aider et participer... Sans que personne ne comprenne vraiment comment, elle est devenue « une pro de l'ABA ». Au fil du temps, Joanne a acquis toutes les bonnes manières d'agir. Vis-à-vis de son frère, elle a toujours les bons mots et l'attitude adéquate. Sachant qu'elle n'a suivi aucune formation particulière, si ce n'est les scènes auxquelles elle assiste quotidiennement à la maison depuis toutes ces années, je trouve que ses capacités d'adaptation et d'imitation sont réellement impressionnantes. En parlant d'elle, mon entourage utilise parfois l'expression « ton minitoi ». Et à chaque fois, je me dis : « Oui, mais en mieux ! » car Dieu sait que j'étais loin d'avoir sa grandeur d'âme au même âge... Mais certes, nous dégageons incontestablement la même « niaque », la même volonté farouche de dépasser les problèmes, une énergie identique en quelque sorte. Extrêmement proches l'une de l'autre depuis toujours, nous nous sentons parfois un peu seules au monde, mais au final, nous formons une équipe qui se serre les coudes. Ce qui nous caractérise, c'est notre tendance à tout dédramatiser de la même façon : une petite pointe d'humour qui constitue l'un des piliers de notre belle complicité, une sorte de « réflexe de survie » face à tout ce que nous traversons. Par la force des choses, ce n'est plus vraiment une adolescente de 16 ans et sa maman qui gèrent ce qu'il y a à gérer, mais plutôt deux femmes prêtes à tout pour Allan. J'aurais tellement voulu lui éviter de mûrir trop vite... Les mots me manquent pour exprimer la gratitude que j'éprouve envers elle pour l'aide immense qu'elle m'a toujours apportée.

Tandis que je quitte la maison chaque matin aux alentours de 6 h 30 pour aller au travail, Joanne se réveille et se prépare peu de temps après. Puis elle réveille et prépare son frère, ce qui signifie le doucher, l'habiller, lui préparer son petit déjeuner puis l'amener à l'école pour le confier à l'AVS qui les attend à l'entrée. En soi le tout serait déjà un exploit pour une jeune fille de 16 ans. Mais autant certains jours Allan peut être calme, autant la majorité du temps c'est assez compliqué. Ses troubles du comportement peuvent être importants, il n'a aucune conscience du danger et peut avoir tendance à s'enfuir. Joanne a beau le tenir fermement par la main, elle m'a avoué plus tard avoir toujours eu la crainte qu'il lui échappe et lui arrive un accident. Quant aux réflexions désobligeantes et aux regards désapprobateurs – voire accusateurs – auxquels elle doit faire face lorsque son frère pique une crise dans le bus ou en pleine rue, que tout à coup il se met à crier, à hurler ou encore à taper... Je n'ose même pas imaginer à quel point ce fut éprouvant pour elle. L'adolescence n'est certainement pas le meilleur moment de la vie pour être en proie de manière répétée aux moqueries de la rue... Bien sûr, il est particulièrement difficile pour elle de faire abstraction de ces épreuves qu'elle endure, mais étonnamment, ses résultats scolaires ne s'en font jamais ressentir. Au contraire, alors qu'elle vient d'entrer en première, ses notes sont aussi excellentes que les années précédentes. Sa perspective d'ici quelques mois, c'est le bac de français. Mais avant d'y penser vraiment, les fêtes de Noël arrivent. Comme tous les ans depuis que nous sommes à Toulouse, elle remonte à Paris passer les vacances scolaires chez son père. Mais cette année-là, elles ne vont pas être de tout repos car tout à coup entre Noël et le jour de l'An, Joanne est hospitalisée d'urgence pour une crise d'appendicite. Malheureusement pour elle, c'est à l'hôpital qu'elle va passer l'essentiel de ses vacances.

Chez nous, un problème arrivant rarement seul, c'en est un nouveau qui se présente un beau matin dans ma boîte aux lettres. Après avoir obtenu de haute lutte une allocation permettant de couvrir une partie des frais nécessaires à la prise en charge d'Allan, j'apprends que celle-ci a été revue à la baisse. Plus j'avance dans la lecture de ce courrier plus je sens la colère monter... Intérieurement je me dis « Mais comment est-ce possible... Comment osent-ils me faire une chose pareille... ? » Hors de moi, j'appelle immédiatement les services de la MDPH, puis c'est par un courrier recommandé que je leur livre le fond de ma pensée :

« Madame,

À ma grande surprise, j'ai reçu un courrier de votre part m'informant que j'aurais prétendument envoyé récemment une demande d'allocation d'éducation de l'enfant handicapé, ainsi qu'une demande de prestation de compensation auprès de vos services.

Or, ce n'est absolument pas le cas étant donné qu'il y a longtemps que j'ai fait cette demande et que vous me l'avez accordée pour une période allant du 1er février 2009 au 31 janvier 2014.

J'ai donc appelé vos services pour avoir de plus amples renseignements et on m'a informé que mon dossier avait été réétudié suite à un changement de situation dont on vous avait fait part, à savoir une demande d'AVS que j'ai faite il y a plusieurs mois pour mon fils, en prévision de la rentrée scolaire qui a eu lieu en septembre dernier. Vous en avez alors déduit que mon fils avait besoin de moins d'heures de prise en charge (?), et vous avez, de ce fait, revu à la baisse le montant de mon allocation.

Il aurait été fort appréciable que vous me contactiez avant de prendre une telle décision afin que je vous communique les bonnes informations concernant la situation de mon enfant.
En effet, une demande d'AVS a été faite pour qu'une personne accompagne mon fils à l'école, quatre matinées par semaine, en classe de CP. Demande à laquelle vous aviez répondu favorablement.

Or, bien entendu, le jour de la rentrée des classes, personne ne s'est présenté pour accompagner mon fils afin qu'il puisse faire sa rentrée des classes comme n'importe quel autre enfant. Aucune AVS n'était présente pour mon fils, comme ce fut aussi le cas, hélas, pour des milliers d'autres enfants en France... Et ce, sans que personne ne prenne la peine de me prévenir, sans aucun courrier de la cellule AVS, ni de l'académie de Toulouse. Connaissant par cœur la situation de l'autisme dans notre pays, cette situation était bien entendu tout à fait prévisible... C'est la raison pour laquelle j'avais anticipé ce problème et demandé l'accord de la directrice de l'école pour faire intervenir auprès de mon fils une personne formée et compétente, recrutée et rémunérée par mes soins. Demande qui m'a été accordée. C'est donc grâce à l'extrême compréhension de toute l'équipe enseignante de cet établissement et grâce aux moyens que j'ai mis en place pour recruter et former cette personne (Victoria) que mon fils Allan a pu faire sa rentrée des classes dans des conditions normales.

Et je dirais même, heureusement, car ce n'est que le 21 septembre que l'académie de Toulouse a daigné nous informer que leurs services avaient engagé des opérations de recrutement nécessaires à l'accompagnement de mon enfant. Il était précisé qu'un délai de quelques semaines était encore à prévoir... Il a donc fallu attendre FIN octobre (!) pour qu'une personne se présente à l'école en tant qu'AVS pour accompagner mon fils. Suite à un entretien avec la directrice, il s'est révélé que cette personne n'avait absolument aucune formation, aucune expérience et pas la moindre connaissance du milieu du handicap... Vu les troubles de comportement que présente mon fils et étant donné le niveau de compétence que son syndrome exige pour pouvoir le gérer, je me demande encore comment on ose envoyer ce type de profil pour s'occuper d'enfants comme le mien. C'est tout simplement scandaleux.

Au vu de l'excellent travail effectué par Victoria auprès de mon fils (voir courrier ci-joint de la directrice de l'établissement), au vu des énormes progrès qu'il fait, des nombreux apprentissages scolaires acquis en l'espace de seulement deux mois et de son excellente intégration au sein de l'école, nous sommes parfaitement d'accord, avec la directrice de l'école et la maîtresse, sur le fait qu'il est inenvisageable de se séparer de Victoria. Nous en avons donc informé le référent de scolarité ainsi que l'académie de Toulouse.

Ce qui signifie donc que les heures d'aide humaine que vous avez calculées sont bien en dessous de la réalité. L'accompagnement de mon fils représente environ quatre-vingt-seize heures par mois : de 7 h 30 à 13 h 30, quatre fois par semaine. Victoria étant rémunérée 9,00 € nets/ l'heure, cela représente environ 860 €/par mois, hors charges. Ce qui fait environ 340 € de charges Urssaf à payer en plus, soit un montant de total de 1 200 € par mois. Veuillez trouver ci-joint les dernières déclarations Urssaf concernant l'embauche de Victoria.

Je confirme donc par la présente que je conteste formellement la diminution du montant de la

Prestation de compensation au handicap dont je bénéficiais jusqu'à maintenant.
Lorsque je m'entends dire par la cellule AVS qu'ils ne peuvent pas recruter Victoria en contrat AED [1] *parce qu'elle n'est pas titulaire du baccalauréat...*
Lorsque je m'entends dire qu'ils ne peuvent pas recruter Victoria en contrat CUI parce qu'elle n'est pas chômeuse longue durée et qu'elle n'est donc pas éligible par l'ANPE...
Lorsque je m'entends dire que si Victoria avait été chômeuse longue durée, sans le baccalauréat, elle aurait pu être embauchée en contrat CUI...

Je me dis que tout ceci est juste une triste blague... !

Alors je veux bien m'investir durant des années pour monter une structure qui propose une prise en charge digne de ce nom pour nos enfants, comme je l'ai fait à Toulouse avec l'association parisienne... Je veux bien faire le boulot de l'Éducation nationale en recrutant, en formant et en payant moi-même une personne compétente pour s'occuper correctement de mon fils à l'école afin que celui-ci ne soit pas déscolarisé comme quatre-vingts pour cent des enfants autistes dans notre pays. Je veux bien remuer ciel et terre pour aider mon fils, mais ayez au moins la décence de m'attribuer une allocation qui compense une partie des frais engagés, ainsi que le temps et l'énergie que

1. Assistant d'éducation recruté pour exercer des fonctions d'assistance à l'équipe éducative, notamment pour l'encadrement et la surveillance des élèves.

je déploie pour pallier les incompétences des uns et des autres !
Si vous diminuiez ma PCH du montant indiqué dans votre courrier, cela signifie que je devrai retirer mon fils de l'école deux matinées par semaine car je n'aurai plus les moyens financiers de rémunérer Victoria. Mais cela n'arrivera pas, car il est hors de question de déscolariser Allan.

Cordialement. »

11

Lorsque le sort s'acharne

Décidément en ce début 2013, rien ne tourne comme il faut. Opérée de l'appendicite en urgence durant son séjour à Paris, Joanne semble s'en remettre difficilement. Sans parler du fait d'avoir passé ses vacances à l'hôpital qui lui reste franchement en travers de la gorge. Au fil des jours, je sens qu'elle peine à retrouver sa belle énergie, même si j'ai bon espoir qu'avec des vitamines et quelques bonnes heures de sommeil elle reprenne assez vite le dessus. De son côté, Allan lui aussi est dans une phase difficile. Sans que je parvienne réellement à décoder ce qui se passe actuellement, je le sens perturbé. Oui, mais par quoi ? Pressent-il quelque chose ?

Un matin de février tout à coup c'est la panique : au réveil, je découvre Joanne pliée en deux par de violents maux de ventre. D'ailleurs elle a très peu dormi. Immédiatement alarmée par de telles douleurs peu de temps après son opération, je l'amène aussitôt chez notre médecin. Puis sur ses conseils, nous roulons vers l'hôpital afin d'aller y passer un scanner en urgence. Une fois sur place, alors que nous patientons dans la salle d'attente, j'essaie de faire un peu d'humour pour détendre l'atmosphère : « OK, dans la famille on a légèrement tendance à battre des records en matière de statistiques. Mais là je t'arrête tout de suite : deux crises d'appendicite pour la même personne, à ma connaissance c'est du jamais-vu ! » Si j'avais espéré voir ma fille sourire un peu, j'en suis pour mes frais. Son visage, depuis ce matin, reste fermé sur la douleur. À peine, à ma blague, une petite étincelle dans son regard. Et encore, je n'en suis pas vraiment sûre. Mauvais signe, ça ! Mais c'est enfin son nom que l'on appelle pour le scanner… Une fois celui-ci réalisé, nous regagnons la salle d'attente jusqu'à ce qu'un médecin soit disponible pour l'interpréter. Celui que nous rencontrons est très optimiste. Si selon lui une zone d'inflammation a bien été repérée, tout rentrera dans l'ordre après quelques jours de traitement. De quoi au final être rassurée, sauf que…

Sauf que, depuis quelques années, la vie au quotidien avec Allan m'a permis de développer une sorte de « flair ». Et là très nettement mon ressenti intérieur est en train de tirer la sonnette d'alarme. Je ne suis nullement convaincue par les propos de ce médecin… Donc par acquit de conscience et avant de quitter l'enceinte de l'hôpital, je passe un coup de fil à ma généraliste afin de lui faire la lecture du compte rendu que l'on vient de me remettre. Et par chance son avis aurait plutôt tendance à suivre le mien ; raison pour laquelle elle me préconise de rester sur place et de demander en urgence l'avis d'un spécialiste. Je m'empresse donc de retourner à l'hôpital où, à force d'insistance, on finit par installer Joanne dans une chambre. Bien entendu depuis le matin Allan nous suit partout et la situation commence à être explosive ! Peu importe pour lui que nous soyons désormais installés au calme, il n'en peut plus de mon inquiétude et des attentes interminables. Sa faible capacité à gérer les changements de programme est pour l'heure parvenue à saturation. Et si jusqu'ici il a pu à peu près se contenir, à présent il bout littéralement sur place. Ce qui se traduit immédiatement par des cris qu'il ne peut plus retenir, tout en répétant en boucle : « Rentrer à la maison, rentrer à la maison ! » Mais ce tapage a au moins un mérite, celui d'attirer enfin un peu l'attention sur nous. Un infirmier passe, puis une infirmière... Arrive enfin un chirurgien. Alors que j'avais placé beaucoup d'espoir en lui, je vais très rapidement déchanter. À peine a-t-il jeté un œil aux résultats médicaux – compte rendu du scanner et des bilans sanguins –, je m'aperçois que lui aussi semble estimer que Joanne peut rentrer à la maison. « À charge pour vous de revenir consulter si les douleurs sont toujours présentes d'ici quarante-huit à soixante-douze heures » nous prévient-il. Toute cette attente pour s'entendre dire ça ? Même pas une ordonnance, rien ? Comme je l'ai expliqué, moi au contraire j'ai le pressentiment que l'urgence est bien plus pressante et je m'étonne que le praticien ne l'ait pas perçue. L'impatience commence donc à me gagner : hors de question pour moi de prendre le moindre risque avec la santé de ma fille. D'ailleurs tout comme moi, je la sens inquiète. Et peu importe s'il faut camper sur place pour avoir un avis compétent...

Agacé de constater qu'il ne m'a aucunement convaincue, c'est à contrecœur que le chirurgien finit par proposer que ma fille soit vue par un gastro-entérologue. « Mais ce soir ce n'est pas possible, il vient juste de partir », ajoute-t-il d'un air satisfait. En le fusillant du regard, je lui suggère de l'appeler immédiatement, lui assurant au passage que nous ne partirons pas avant de l'avoir vu. Sauf qu'une nouvelle attente est en perspective et qu'Allan n'en peut plus. Il semble même à deux doigts de tout saccager dans la chambre... Il a besoin de toute urgence de sortir quelques instants de cette atmosphère tendue, sans compter qu'il se fait tard et qu'il est affamé. Navrée d'avoir à laisser Joanne seule dans cette chambre, j'emmène son frère prendre l'air afin qu'il puisse retrouver un peu de calme, puis nous allons nous restaurer à la cafétéria.

Une fois de retour auprès d'elle et après encore un peu d'attente, le gastro-entérologue arrive enfin. Pour la première fois depuis ce matin, j'ai enfin l'impression d'avoir face à moi quelqu'un qui saisit la situation ! Contredisant tout ce qu'ont pu me dire ses confrères, son discours a beau être alarmant, au moins il est clair ! Et Joanne étant assez grande pour comprendre, c'est d'abord à elle qu'il s'adresse : « J'ai étudié les résultats des examens que tu as passés. Je suis désolé pour toi, mais nous allons devoir te garder... » Sans qu'il ait eu le temps de terminer sa phrase, ma fille éclate en sanglots. Dans sa mémoire, sa récente et douloureuse hospitalisation est encore fraîche... Une fois qu'elle s'est un peu reprise, le médecin poursuit, et ce qu'il dit me glace le sang. Il nous explique que si elle rentre à la maison ce soir, c'est avec un risque avéré d'une perforation intestinale sous quarante-huit à soixante-douze heures. Dans ma tête, j'entends encore les mots du chirurgien pour qui tout allait certainement rentrer dans l'ordre dans ce même délai… Et si je n'avais pas écouté mon intuition ? Mais je n'ai pas le temps de pousser plus loin ma réflexion car le médecin enchaîne : « Je vais même me risquer à dire que je soupçonne une maladie de Crohn. » Devant nos airs interrogatifs, il saisit que ce nom ne nous dit rien, aussi prend-il le temps de nous l'expliquer : « En résumé, c'est une inflammation chronique de l'intestin, c'est-à-dire un dysfonctionnement du système immunitaire qui ne reconnaît pas certaines cellules saines. Il s'agit d'une maladie en partie génétique dont on ne connaît pas bien l'origine et qui ne se guérit pas. » Pour moi ces mots-là sonnent comme un brutal coup de massue et se mettent à tourner à toute vitesse dans ma tête sous forme de cris. Non ! Pas mes deux enfants ! Le temps que je sorte de mon état de sidération, je m'aperçois que les cris que j'entends sont en fait ceux d'Allan. Lui non plus ne supporte plus d'être là. Je voudrais sortir de ce mauvais rêve, prendre mes deux enfants sous le bras et partir loin d'ici. Loin de cet hôpital qui, ce soir, va garder ma fille dans ses murs. À ce moment précis, j'ai l'impression d'avoir été changée en capitaine de vaisseau qui doit essuyer à lui tout seul une série de tempêtes. Pourtant une chose est sûre : mon embarcation a beau avoir l'air de prendre l'eau de partout, je dois la mener coûte que coûte à bon port.

Une fois que le médecin a quitté la chambre, j'essaie de rassurer Joanne qui vient d'apprendre qu'elle souffre certainement d'une grave pathologie. Elle a beau crever d'envie de rentrer à la maison avec nous, elle a compris que c'est ici qu'elle est le plus en sécurité. Et moi entre mes deux enfants je me sens déchirée... Comme j'aimerais avoir un relais pour Allan, quelqu'un à qui le confier le temps de prendre soin de sa sœur. Joanne a beau aller sur ses 17 ans, j'aimerais tellement pouvoir construire un rempart entre elle et la peur, entre elle et la douleur. Mais il se fait tard et je dois partir. Accompagnée d'Allan pour qui il est très difficile de rentrer sans sa sœur, je fais rapidement un saut à la maison histoire de rassembler quelques affaires indispensables pour Joanne. Alors qu'Allan commence tout juste à se calmer et à se détendre, je suis obligée de lui dire que nous repartons pour l'hôpital...

Après avoir installé au mieux ma fille dans sa chambre, je n'ai pas d'autre choix que de repartir. De retour enfin à la maison, toutes les péripéties de la journée ont amené Allan au bord de l'implosion. Quant à moi, je frôle la crise de nerfs. Les événements de la journée repassent en boucle dans ma tête. Avec un focus final sur les explications du gastro-entérologue... Et si je m'en étais tenue au premier avis médical ? Ça aurait pu avoir des conséquences dramatiques pour ma fille. Si jamais un jour je croise ce chirurgien dans les couloirs de l'hôpital, sûr que j'aurai deux mots à lui dire... Cette fois-ci, Joanne sera contrainte à une semaine d'hospitalisation au cours de laquelle, à raison de fortes doses d'antibiotiques et de cortisone, l'inflammation va finir par diminuer nettement. Durant cette semaine, j'amène régulièrement Allan voir sa sœur à l'hôpital car son absence de la maison l'inquiète énormément. À tel point que, avec l'équipe de professionnels qui l'entoure, nous mettons en place, au moyen de Playmobil, des sortes de jeux de rôle qui permettent de lui expliquer ce qui se passe, mais qui lui permettent surtout de verbaliser ce qui l'angoisse. Puis arrive enfin le feu vert du Dr K. Bien qu'il nous ait averties qu'il s'agissait d'une forme assez sévère de la maladie, Joanne peut maintenant rentrer à la maison, mais non sans un solide traitement d'un mois.

Le répit sera de courte durée. Quelques jours seulement après l'arrêt des médicaments, Joanne fait une nouvelle crise. Un matin je la découvre à nouveau en pleurs, tordue de douleur dans son lit. Je préviens mon travail que je serai sans doute absente pour la journée puis direction les Urgences : nouveau scanner, suivi d'une IRM puis d'un bilan sanguin. Le diagnostic qui tombe est catégorique : cette nouvelle poussée de Crohn est encore plus violente que la première. S'ensuivent alors quinze nouveaux jours d'hospitalisation. Antibiotiques, cortisone, immunosuppresseurs... Malheureusement les résultats de ce nouveau traitement ne sont guère concluants. Non seulement une partie de son intestin reste surenflammée, mais certaines lésions sont clairement visibles au scanner. Une guérison par voie médicamenteuse semblant être exclue, le médecin préfère s'orienter vers la voie chirurgicale. Selon lui c'est la seule solution. Un rendez-vous est donc organisé afin que le chirurgien (un autre que celui auquel j'ai déjà eu affaire) puisse m'expliquer son intervention. Alors qu'il est en train de détailler sur un schéma quelle partie du colon et de l'intestin il va ôter, je fonds brusquement en larmes. Je n'en peux plus… Je suis à bout de chagrin, à bout d'inquiétude… Je n'en peux plus d'avoir à gérer toutes ces difficultés, mais aussi d'avoir à faire face à l'angoisse de mes enfants en supplément de la mienne. Je n'en peux plus d'écoper pour que le navire ne coule pas. Je n'en peux plus… tout simplement. Patient face à ma crise de larmes, le chirurgien se veut rassurant. Il prend le temps de m'expliquer qu'il s'agit d'une opération qu'il a déjà effectuée de nombreuses fois.

— Joanne est jeune, ajoute-t-il. Pour un patient de son âge les risques sont minimes.

Constatant que je peine malgré tout à me reprendre, il tente avec bienveillance d'engager la conversation.

— Vous avez d'autres enfants ? me demande-t-il.

Ce à quoi d'une voix étouffée je lui réponds :

— Oui, j'ai un garçon qui a 7 ans.

— Et comment va-t-il ? Il va bien lui ? reprend-il d'un air enjoué.

Désemparée par cette question, je lui rétorque :

— Il est autiste…

Dieu merci, l'opération s'est très bien déroulée et Joanne s'en est bien remise. En plus de celle de son appendicite, une nouvelle cicatrice orne désormais son ventre. Cependant la forme sévère de la maladie étant confirmée, le risque de récidive est quasiment certain, ce qui nous oblige à vivre dans la crainte d'une nouvelle poussée. Reste à savoir quand elle surviendra : le mois prochain, dans un an ou dans cinq… Personne n'en sait rien. Sur le plan administratif, Joanne est maintenant reconnue par la Sécurité sociale sous le régime ALD, c'est-à-dire Affection longue durée. Vu de loin ça peut sembler anecdotique. Mais lorsqu'on a le nez dedans, croyez-moi, avoir ses deux enfants en ALD, ça vous flingue à coup sûr le moral !

Mais il faut croire que nous n'avons pas encore enduré suffisamment d'épreuves. Un peu comme si l'univers avait décidé de tester mon niveau de résistance… C'est en tout cas l'impression que ça me donne lorsque je reçois ce coup de fil de Victoria. Avant de comprendre la raison de son appel, c'est d'abord la tristesse que j'entends dans sa voix. Elle est tellement désolée… désolée de ne plus pouvoir accompagner Allan à l'école. D'ici une quinzaine de jours, elle sera obligée de quitter Toulouse pour raison familiale. Cette annonce tombe comme un couperet… je ne sais que lui répondre tellement je sens le découragement m'envahir. Cela fait maintenant sept mois qu'elle réalise un travail extraordinaire auprès d'Allan et qu'elle tisse chaque jour une merveilleuse relation avec lui. Mais ces quelques minutes au téléphone suffisent à venir assombrir ce joli tableau… Dans ces moments-là, ce n'est pas tant le fait de devoir tout recommencer à zéro qui m'oppresse le plus. Non, c'est surtout l'idée de devoir annoncer la nouvelle à Allan qui me rend profondément triste. Mais le peu de temps qu'il me reste avant de recruter et de former une nouvelle AVS ne m'octroie pas le luxe de m'apitoyer sur notre sort. Je fais donc comme si ça ne m'atteignait pas, comme si ce n'était pas si grave que ça et je m'installe immédiatement devant mon ordinateur. Un peu comme si j'étais « en mode automatique », j'ouvre le site sur lequel je diffuse habituellement mes offres d'emploi et je commence à rédiger l'annonce :

« Je recherche pour mon fils, 8 ans, qui est autiste, une auxiliaire de vie scolaire... »

Un mois plus tard, me voici devant la CDAPH – Commission des droits et de l'autonomie des personnes handicapés – une sorte de « tribunal » composé d'une vingtaine de personnes, devant lesquelles je dois plaider ma cause pour tenter de récupérer le montant de l'allocation que la MDPH veut me retirer. Étape par étape, je démonte les arguments qui me sont opposés en démontrant les aberrations du système. J'exprime également un certain ras-le-bol. Un ras-le-bol si énorme que je ne mâche pas mes mots. Je précise que je ne céderai pas, que s'il faut aller en justice pour obtenir gain de cause, je suis prête à en passer par là. Malgré ça, ces personnes qui se tiennent face à moi persistent : « Il est interdit, voire inadmissible, d'utiliser la PCH pour rémunérer l'AVS d'Allan en Chèque emploi service universel ! » Sauf que j'ai pris soin de me renseigner avant et, preuve à l'appui, je leur démontre le contraire. J'ai en effet entre les mains un courrier de l'Urssaf attestant que j'ai le droit d'utiliser ce moyen de paiement pour rémunérer quiconque s'occupe de mon fils, du moment que l'accompagnement a lieu à mon domicile ou dans un rayon de vingt kilomètres autour. C'est-à-dire, l'école y compris ! Une fois ma démonstration terminée, je sens une sorte de malaise envahir la salle... Certains s'en étonnent, d'autres s'en offusquent, mais au final, personne ne sait trop comment réagir face à cette révélation. Craignant peut-être de devoir me donner raison, une des personnes constituant cette assemblée suggère « pour régler le problème » de demander au rectorat d'établir un contrat d'embauche à Anne, la nouvelle AVS d'Allan que j'ai recrutée après le départ de Victoria. Je n'aurai ainsi plus besoin de la payer moi-même. Bien entendu, j'accepte immédiatement cette proposition qui me ravit et je les en remercie. La deuxième belle surprise arrivera dans un courrier que je reçois quelques semaines plus tard : la MDPH m'informe que les membres de la CDAPH ont décidé de réévaluer à la hausse mon allocation. Non seulement ils ne vont pas la diminuer, mais ils vont l'augmenter. Ils souhaitent que celle-ci couvre davantage tous les frais liés à Allan et que je sois mieux dédommagée en tant qu'aidant familial pour toutes les heures que je passe à m'occuper de lui. Même si nous ne sommes pas toujours d'accord, je comprends malgré tout que j'ai affaire à des gens qui prennent le temps de m'écouter, qui savent se montrer compréhensifs, et surtout qui reconnaissent le temps et l'énergie que je déploie pour mon fils et les autres enfants. Que ça fait du bien de se sentir enfin soutenue…

Du côté d'Allan, la traversée de ces mois agités a été très compliquée à gérer. Cependant, en plus du soutien des professionnels qui gravitent autour de lui, il a aussi pu compter sur deux AVS formidables. D'abord Victoria, puis Anne. Et Dieu sait que, pour elles, la tâche fut compliquée ! Mais grâce à leur motivation, à leur professionnalisme ainsi qu'à leur attachement pour Allan, c'est avec un immense succès qu'elles ont relevé tous les défis. Vu ses troubles du comportement et ses difficultés à se concentrer, je n'aurais jamais imaginé qu'Allan sache aussi bien lire, écrire et compter si tôt ! À tel point qu'en fin d'année scolaire il obtient son passage en CE1 ! Mais l'une des choses les plus importantes à mes yeux est qu'Allan s'est épanoui à l'école. Il s'y est fait plein de copains, a multiplié les interactions sociales, notamment en mangeant à la cantine. Ça aussi c'était inespéré ! En tout cas, ces points positifs me donnent suffisamment de raisons pour aborder l'été de manière un peu plus sereine et je profite donc de cette période pour faire un point sur ma situation professionnelle. Suis-je épanouie dans mon travail ? Absolument pas... Je connais depuis longtemps le milieu de la grande distribution et cette nouvelle expérience me confirme que je ne suis vraiment pas faite pour lui. Ce secteur d'activité et la mentalité qui va avec « me sortent par les yeux »... Rentabilité à tout prix – je dirais même, à n'importe quel prix – quitte à sacrifier le bien-être de leurs employés, le mien y compris. Je n'aime pas forcément faire des généralités, car Dieu merci cette situation n'est pas la même partout, mais dans le magasin où je travaille, il n'y a même plus la notion de respect. Dirigé par un couple réellement incompétent selon moi, lui, passe son temps à vouloir prouver son autorité et elle, s'adresse à ses employés comme à des chiens. Personnellement j'ai suffisamment de soucis comme ça... Je ne vais pas en plus m'imposer ça. Et puis de toute façon, mes journées sont vraiment trop chargées et Joanne aussi en a certainement assez. On ne peut pas continuer comme ça dans cette spirale infernale, il faut vraiment que je quitte ce boulot... Tant pis, on vivra avec moins, on se contentera des minima sociaux, mais nous allons au moins pouvoir respirer un peu et s'organiser différemment. Sur le moment, je ne décide pas quand précisément, mais c'est finalement une altercation avec la patronne du magasin qui a tout déclenché. Jusqu'à aujourd'hui, elle ne s'était jamais adressée à moi comme avec la plupart de ses salariés. Persuadée, comme à son habitude, qu'elle pouvait tout se permettre, elle a rapidement compris qu'avec moi ce n'était pas le cas. Lui répondant sur le même ton, j'en profite au passage pour « vider mon sac » et lui dire tout le « bien » que je pense d'elle. Immédiatement convoquée dans le bureau de son mari impatient de la défendre, je lui fais clairement comprendre qu'il serait grand temps qu'on se sépare et qu'une rupture conventionnelle s'impose. C'est soit ça, soit je me « tourne les pouces » toute la journée devant mon ordinateur ; à lui de voir. Trois jours après, la convention est signée !

Quant à Joanne, malgré son état de santé et le fait qu'elle ait parfois manqué le lycée sur de longues périodes, elle s'est toujours débrouillée pour récupérer ses cours par le biais de ses amis. Toujours aussi persévérante et courageuse, elle a mis un point d'honneur à passer le bac de français comme si de rien n'était. Épreuve qu'elle a réussie brillamment, mais qui en aurait douté la connaissant ?

Pour finir, cette année 2013 est aussi celle de la création de mon compte Facebook. Autour de moi, tout le monde y est inscrit depuis longtemps, mais jusque-là je n'y avais pas vu grand intérêt, sans compter que j'avais manqué de temps pour m'y intéresser... Mais si au départ je n'y voyais qu'un intérêt personnel, mon compte ne totalisant qu'une quarantaine d'amis, je perçois assez vite les avantages de ce type de réseau.

Inscrite dans quelques groupes dédiés à l'autisme, j'y ai personnellement trouvé une multitude d'informations intéressantes. En lisant ici ou là des témoignages de parents, j'essaie dans la mesure du possible d'apporter mon aide et mon expérience en la matière. Et c'est ainsi que je commence à publier un certain nombre d'anecdotes concernant mes multiples « aventures » avec Allan…

12

Prends de la hauteur… et rallume les étoiles

Voici bientôt un an qu'Anne a été recrutée par le rectorat de Toulouse en contrat CUI. Seulement, la législation française stipule que ce type de contrat est valable un an, renouvelable un an. La condition pour qu'il soit renouvelé une année supplémentaire est que la personne concernée doit effectuer un stage de quatre-vingts heures dans un autre établissement. Chose que je ne savais pas à l'époque et que j'apprends par Anne à la sortie de l'école le 19 mars 2014. Ce jour-là, confondue en excuses, elle m'annonce que son contrat prend fin début mai et que le seul moyen pour elle de revenir est de réaliser ce fameux stage. Anne s'occupant d'Allan vingt heures par semaine, je fais rapidement le calcul : elle va devoir s'absenter un mois et lorsqu'elle reviendra il restera à peine un mois d'école. Je n'en reviens pas… Cette situation est tellement absurde que je suis convaincue de trouver une solution avec le rectorat ; ils vont forcément lui prolonger son contrat jusqu'à la fin de l'année scolaire ! À peine remontée dans ma voiture, je les appelle immédiatement pour leur exposer la situation. Il n'aura fallu que quelques minutes à cette femme que j'ai au bout du fil pour mettre fin à mon éternel optimisme. Sur un ton méprisant elle me répond : « Eh oui Madame, c'est comme ça ! Elle est obligée de faire ce stage dans un autre établissement si elle veut continuer à s'occuper de votre fils. Et vu qu'elle va devoir s'absenter durant tout le mois de mai, on ne va certainement pas recruter une nouvelle AVS juste pour un mois ! » Abasourdie je lui précise que je travaille ; je lui demande comment je suis censée faire pendant un mois et si elle trouve ça normal de priver mon fils d'école durant tout ce temps. Sa réponse méprisante est sans appel : « Vous n'avez qu'à vous débrouiller avec l'école, je n'ai pas d'autre solution à vous proposer ! » Cette phrase a sur moi l'effet d'une bombe. C'est la goutte d'eau, l'injustice de trop. Pour m'éviter de l'insulter, je lui raccroche au nez. J'ai envie de hurler, mais je dois me contenir pour ne pas stresser Allan. J'ai du mal à me concentrer sur la route tellement je suis en colère. Je remonte les allées Jean-Jaurès lorsqu'un feu rouge m'oblige à m'arrêter. C'est alors que mon regard se détourne vers un chantier sur lequel se dresse une immense grue. En l'espace de quelques secondes, le temps que le feu passe au vert, une idée folle me traverse l'esprit : « C'est décidé, après-demain, je monte en haut de cette grue ! »

L'après-midi même, me voilà au supermarché en train d'acheter des draps qui feront office de banderoles, des bombes de peinture, de quoi boire et manger et des batteries externes pour mon téléphone. Le lendemain, je récupère sur Internet un maximum de contacts journalistiques, tous médias confondus et je rédige un communiqué de presse. À présent, je dois trouver de l'aide. Si je veux que ça marche, je ne peux mener cette action toute seule. Je fais donc appel à deux personnes : Corinne, ma sœur de cœur, mon amie de toujours. On se connaît depuis qu'on a 14 ans. Et Cyril, mon ex-petit ami avec qui je partage à présent une belle et sincère amitié. Je décide donc de les contacter et je leur explique que j'ai besoin d'eux dès le lendemain pour diffuser mon communiqué à un maximum de journalistes et pour gérer une page Facebook spécialement créée pour l'occasion. Puis je leur explique en détail mes motivations : tant que je n'aurai pas un écrit de la rectrice qui stipule que l'AVS d'Allan est dispensée de faire ce stage, qu'on va lui échanger son contrat précaire contre un contrat AESH[1] en CDD et que je suis autorisée à l'avenir à choisir moi-même toutes les futures AVS d'Allan, je ne descendrai pas. Ils sont choqués par ma décision, mais au fond pas tant que ça. Ils savent tout ce que j'ai déjà enduré, connaissent mon âme de combattante et que je suis prête à tout pour mes enfants. Ils n'essayent donc pas de m'en dissuader. *Idem* pour ma fille que je mets bien sûr au courant. Non seulement elle ne cherche pas non plus à m'en empêcher, mais elle exprime le souhait de monter avec moi. Évidemment je refuse ; je ne peux lui faire courir un tel risque, mais je suis tellement fière d'elle... Joanne aussi est une véritable battante, toujours d'un soutien infaillible même dans les moments les plus difficiles. D'ailleurs, hospitalisée d'urgence la veille pour une pyélonéphrite, c'est depuis un lit d'hôpital qu'elle

1. Accompagnant des élèves en situation de handicap. Recrutées en CDD, elles peuvent prétendre à un CDI au bout de six ans.

m'apportera tout son soutien. Mais heureusement elle ne sera pas seule. Marion, une de ses meilleures amies que j'aime beaucoup, sera là pour veiller sur elle. Ensemble, elles n'hésiteront pas à passer la matinée au téléphone à prévenir tous les médias et à harceler l'équipe soignante pour qu'on les laisse me rejoindre en bas de la grue.

La veille au soir, impossible de trouver le sommeil. Tout est prêt. Il n'y a que l'aspect sécurité auquel je n'ai pas vraiment pensé. Mais Marion, que Joanne a mis dans la confidence, a gentiment prévenu son père qui travaille sur des chantiers. Avec beaucoup de bienveillance, il passe alors chez moi pour me déposer un baudrier et un harnais. N'ayant jamais fait d'escalade, je découvre ce curieux équipement et le remercie chaleureusement. À 4 heures du matin, me voilà partie. Une demi-heure plus tard, je me retrouve devant une immense barricade censée empêcher l'accès à la grue. Après m'être assurée qu'il n'y a pas de vigile, je n'hésite pas à l'escalader. Une fois sur le chantier, je découvre une sorte de coffrage en béton qui entoure le bas de la grue ; impossible de pénétrer à l'intérieur… Mais une cabane en tôle située juste à côté, que j'escalade également, me permet de me hisser au-dessus de ce coffrage et j'arrive enfin à atteindre l'échelle qui va me mener au sommet. Avant d'entamer mon ascension, je fixe une pancarte sur laquelle est écrit : « Si vous montez, je saute. »

La grue mesure une trentaine de mètres. Tous les dix mètres, des trappes sont installées pour former des paliers et fermer cet immense tube à l'intérieur duquel se trouve l'échelle. En pleine ascension, les yeux rivés vers le sommet, je me décompose lorsque je découvre la première trappe. Si elle est cadenassée, c'est foutu… Je n'aurai plus qu'à rebrousser chemin et c'est tout mon plan qui tombe à l'eau. J'avance alors fébrilement la main et Dieu merci la trappe se soulève. Pourtant à ce stade rien n'est gagné. Il suffit que l'une des deux autres soit fermée… Barreau après barreau, je progresse lentement. Cette montée aurait pu s'apparenter à un simple parcours de santé si je n'avais pas été aussi chargée. Mon sac à dos prend une place folle dans ce tube étroit et me rend la tâche très difficile. Je ne cesse alors de penser à Allan, à tous ces enfants qui subissent chaque jour tant de discriminations et la rage que cette situation me procure me porte peu à peu vers le sommet. Une fois la seconde trappe franchie, je me concentre sur la troisième. Je prie pour qu'elle soit ouverte et mon vœu est à nouveau exaucé. Il est 5 heures du matin. Me voici en haut de la grue. Je prends le temps de m'asseoir et de contempler cette vue imprenable. Je suis frigorifiée, mais la beauté du paysage qui s'offre à moi, si paisible et si lumineux, me réconforte un peu… Puis je m'attelle à installer mes banderoles sur lesquelles on peut lire « Autisme : arrêtez le carnage ! », « Autisme : honte à notre pays ». Puis je me réfugie dans la cabine pour me réchauffer. C'est alors que je donne le top départ à ma fille et à mes amis : « C'est bon, je suis en place, vous pouvez envoyer le communiqué de presse à tous les médias. » J'ai environ deux heures devant moi avant que les premiers ouvriers arrivent sur le chantier. J'en profite pour prévenir ma mère avant qu'elle ne l'apprenne par les médias ou par les réseaux sociaux. Elle est bien sûr très perturbée par ce que je suis en train de lui annoncer, mais elle n'est pas non plus vraiment étonnée. Déjà enfant je n'étais pas facile à gérer. Elle connaît mon problème avec l'autorité, mon intolérance face à l'injustice et mon côté borné. Tout ce qui pouvait m'attirer pas mal de déconvenues dans mon enfance était devenu une véritable force dans ma vie d'adulte.

Il est 7 heures du matin lorsque je vois apparaître les premières silhouettes. Mon cœur commence à battre la chamade… La journée promet d'être éprouvante. J'entends un homme crier, mais c'est inaudible. À force de le faire répéter je finis par comprendre qu'il me demande de prendre le talkie-walkie situé à l'intérieur de la cabine. Je m'exécute, j'enclenche la position « on » et la voix désagréable du chef de chantier se fait entendre : « Écoutez-moi bien madame. Vous avez certainement de bonnes raisons d'être là, mais vous tombez très mal. C'est un chantier particulièrement difficile que je gère ici et vous me compliquez sérieusement la tâche. Je vous donne donc dix minutes pour descendre sinon j'appelle les flics. » Je lui réponds de manière très sereine que son chantier est certainement difficile, mais que moi, c'est toute ma vie et celle de mes enfants qui sont très compliquées ! Puis j'ajoute qu'étant donné l'urgence de la situation, ça m'arrangerait beaucoup s'il pouvait appeler les flics tout de suite. Décontenancé, il s'exécute à son tour. Il ne fallut alors qu'une quinzaine de minutes pour entendre les sirènes retentir et voir affluer les gendarmes, suivis des camions de pompiers. C'est ainsi que le négociateur est rapidement entré en scène. Après s'être présenté à moi à travers le talkie-walkie puis s'être inquiété de mes motivations pour mener une telle action, il a jugé bon d'employer la manière forte : « Je vais vous exposer très clairement la situation : il y a quelques mois, un papa s'est amusé à ça à une quarantaine de kilomètres d'ici. Personne n'en a entendu parler parce qu'en une demi-heure c'était réglé ; le GIGN l'a immédiatement délogé. Donc à vous de voir ; soit vous descendez immédiatement soit vous subirez les mêmes conséquences. »

C'est impressionnant à quelle vitesse le cerveau peut fonctionner dans une telle situation. Avant de lui répondre, il m'a juste fallu le temps d'une inspiration pour me dire intérieurement : « Bon ma fille, s'il y a bien un moment où tu dois mettre à profit tes rares talents d'actrice, c'est maintenant ! Soit tu réussis à le convaincre, soit tout ça n'aura servi à rien. » Ma réponse a été claire : « Vos menaces sont censées m'impressionner ? Je pense que vous n'avez pas bien compris la situation, alors ouvrez grand vos oreilles. Vous êtes à dix mille lieues d'imaginer ce que je vis au quotidien depuis maintenant sept ans. Parce que si vous réussissiez à l'imaginer, ne serait-ce que deux secondes, vous comprendriez tout de suite que je n'ai absolument plus rien à perdre. Sauter du haut de cette grue et m'écraser trente mètres plus bas représenterait une véritable délivrance pour moi comparé à l'enfer que je vis sur cette terre. Ce qui vous laisse deux options : la première, vous appelez immédiatement le maire, la rectrice, la ministre, qui vous voulez je m'en fous et vous m'aidez à trouver une solution. Soit vous appelez le GIGN et je saute de cette grue au premier gars que je vois approcher à moins de trois mètres. C'est vous qui voyez. » Puis je coupe immédiatement la communication. Mes mains tremblent tellement que je manque de faire tomber mon téléphone. Il n'aura fallu au négociateur que quelques minutes pour réfléchir et me rappeler sur mon numéro de portable. Sa voix se fait tout à coup beaucoup moins agressive. J'ai visiblement été persuasive car il a décidé de changer de tactique. Nous voici alors engagés dans une longue conversation, plus constructive cette fois. Il se veut bienveillant et m'assure qu'il va tout faire pour régler le problème au plus vite. Mais je dois écourter cet échange car je ne cesse de recevoir des doubles appels. Ça commence à sérieusement bouger du côté des médias. Les premiers journalistes sont d'ailleurs déjà sur place. Corinne me fait un débriefing. La veille au soir, elle avait organisé une soirée chez elle en compagnie de son amie Lisa qui me connaît peu, mais qui s'est gentiment proposée de nous aider dans cette folle action. Après avoir très peu dormi, cela fait maintenant plusieurs heures qu'elles alertent tous les journalistes et tiennent à jour la page Facebook : « Ensemble, sauvons l'avenir d'Allan. » *Idem* du côté de Joanne, Marion et Cyril. Une véritable équipe de choc ! Monter sur une grue est une chose, mais réussir à le faire savoir au niveau national en est une autre… Et si vous réussissez les deux, vous êtes alors en possession d'un énorme moyen de pression. Pourquoi ? Parce que personne n'aime les scandales… Sauf que le scandale finit enfin par éclater suite à un fait totalement inespéré : dès la première heure, l'AFP (Agence France Presse) retient mon communiqué. Du coup, dans la foulée, quasiment tous les médias de France relayent l'information. Presse, TV, radios, etc., tout le monde répond présent. Heureusement que j'ai prévu des batteries externes ; mon téléphone ne cesse pas de sonner et je passe la quasi-totalité de mon temps avec le négociateur qui utilise tous les moyens possibles et imaginables pour me faire descendre. Je réponds également aux journalistes à qui je décris inlassablement la situation, à mes amis et ma famille que je tente de rassurer, et aux décideurs avec qui je ne cesse de négocier. Je montre une détermination sans faille. S'il faut que je reste là-haut plusieurs jours je le ferai sans hésiter. Je ne compte plus alors le nombre de propositions farfelues qu'on me fait. On va même jusqu'à me proposer un entretien avec la ministre de l'Éducation et le président, Monsieur Hollande. À la grande surprise du négociateur, je lui réponds que ce n'est absolument pas la priorité et que je ne descendrai pas tant que je n'ai pas mon courrier.

Il aura fallu huit longues heures pour enfin obtenir ce que je demande. À la fin, même le négociateur a fini par jeter l'éponge. Il a compris que seul ce papier officiel mettrait fin à tout ça. C'est alors que je vois arriver un véhicule banalisé conduit par un responsable des renseignements généraux. Mon courrier arrive enfin, ma victoire est là, entre les mains du négociateur, soulagé à la lecture de celui-ci. Après avoir demandé à Joanne de photographier cette lettre et de me l'envoyer, je donne mon accord pour descendre et deux pompiers me rejoignent pour ensuite m'escorter jusqu'en bas. De nombreuses personnes m'attendent dans un tonnerre d'applaudissements : des badauds, des familles concernées, des journalistes et bien sûr mes amis. Tous sont venus partager ma victoire et m'apporter leur soutien. Juste le temps de donner quelques interviews et de serrer quelques personnes dans mes bras, je me fais embarquer au commissariat. Mais je n'ai pas été inquiétée. Ce genre d'action ne relève pas du pénal, mon casier judiciaire restera vierge. Et comme dit le commissaire que j'ai en face de moi : « On aimerait avoir plus souvent des "délinquantes" dans votre genre ! » Même les gendarmes ont tenté de persuader la société de chantier de retirer leur plainte contre moi. Non seulement elle refuse, mais j'apprends qu'elle me réclame six mille euros de dommages et intérêts.

Je finis par rentrer chez moi, heureuse et totalement épuisée. J'ai enfin le temps de me connecter à la page Facebook que j'ai créée pour cette journée. Je n'en reviens pas de l'ampleur que ça a pris... En l'espace d'une journée, plus de mille personnes sont déjà inscrites sur ma page. Plusieurs centaines de témoignages et de messages de soutien apparaissent en commentaires sous certaines publications. Plus je lis les messages, plus je me sens submergée par l'émotion et je finis par fondre en larmes. J'ai encore du mal à réaliser tout ce qui vient de se passer et je sens qu'il va me falloir plusieurs jours pour m'en remettre. Mais dans les jours qui suivent, je n'ai pas droit à un seul moment de répit. Les sollicitations des journalistes continuent d'affluer et je me fais un point d'honneur à tous leur répondre. Je n'en peux plus, mais c'est trop important. C'est pour moi l'occasion idéale de dénoncer les multiples scandales et aberrations que rencontrent les familles dans « ce monde de l'autisme ». Ça fait tellement longtemps que nous, parents d'enfants différents, nous nous battons dans l'ombre. Il est grand temps que la lumière soit faite.

Il me reste encore un problème à régler ; celui de la plainte déposée contre moi. J'annonce sur la page Facebook la mauvaise nouvelle aux familles qui ne manquent pas de crier au scandale. Mais, au-delà de ça, à mon grand étonnement, cela déclenche immédiatement un grand mouvement de solidarité. La majorité se propose spontanément de créer une cagnotte pour récolter l'argent nécessaire. Ils sont tous d'accord sur un point : hors de question que cette histoire me coûte un centime. D'autres me demandent les coordonnées de cette société et ils sont rapidement plusieurs dizaines à inonder le standard d'appels téléphoniques pour exprimer leur mécontentement. Je me décide à en faire autant et je demande à parler à un responsable. Chose qu'on me refuse jusqu'à ce que j'annonce que je suis la maman qui a pris en otage une de leur grue. La question adressée à mon interlocuteur est simple : « Êtes-vous, oui ou non, décidé à maintenir votre plainte ? » Au lieu d'une réponse claire, j'ai droit à une grande leçon de morale : « Non, mais vous vous rendez compte si tout le monde faisait comme vous ! Vous imaginez la perte financière que ça représente sur une journée ? Vous savez ce que ça coûte d'annuler un camion de béton ? » Je lui réponds donc simplement que le but de mon appel n'est pas de débattre sur le bien-fondé ou non de mon action et que si tous les parents faisaient comme moi, cent pour cent des enfants autistes seraient scolarisés en France, contre seulement vingt pour cent actuellement. Puis je termine en précisant que je suis vraiment désolée pour son chantier, mais que grâce à leur grue, mon fils va pouvoir retourner à l'école. L'argent et le profit restant ses seuls arguments valables, aucun de mes propos ne réussit à le faire décolérer. Je lui repose donc une dernière fois ma question à laquelle il répond : « Bien sûr que non on ne maintient pas notre plainte ! Mais ce n'est pas comme si nous avions le choix ! Vous êtes médiatisée partout ! Si on maintient notre plainte, on va passer pour quoi ? C'est bon, vous êtes contente ? » Effectivement, je suis ravie. La seule ombre au tableau vient de s'envoler avec les cris de ce « charmant » monsieur et je peux à présent annoncer que ni moi ni personne n'aura à payer.

À ce moment précis, je ne peux pas encore réaliser le réel impact que va avoir cette action dans les prochaines années. Aujourd'hui, il suffit de taper « autisme grue » sur Google pour le comprendre. La grue est presque devenue l'emblème de l'autisme car régulièrement utilisée comme un redoutable moyen de pression par plusieurs parents. Tous, sans exception, ont obtenu gain de cause pour leur enfant.

13

Remise en question

Jusqu'à présent j'aidais surtout les familles par téléphone *via* l'association dont j'étais la représentante sur la région Occitanie. J'utilisais peu les réseaux sociaux, mais depuis que je suis montée sur cette grue, je suis à présent très sollicitée sur Facebook. Moi qui visitais auparavant différents groupes de manière quasi anonyme, apportant ponctuellement mon aide sur certaines problématiques exposées par des familles, j'ai à présent l'image de la maman ayant « la solution à tout ». Les familles ont peu à peu découvert le profil d'Allan : ce petit garçon diagnostiqué « miraculeusement » à l'âge de 2 ans, qui a tout de suite bénéficié d'une excellente prise en charge venue tout droit des États-Unis, qui a toujours été scolarisé, qui est sorti de son mutisme, qui sait lire, écrire, compter, etc. J'ai bravé les interdits en montant sur cette grue, tenu tête à tous ceux qui ont voulu m'en faire descendre et je viens d'obtenir les dernières choses qui me manquaient. Beaucoup de parents se mettent alors à me contacter, certains dans l'espoir de connaître « mon secret ». Je n'en ai malheureusement aucun à leur confier. Je ne peux qu'accueillir leurs difficultés, leur faire part de mon humble expérience, leur apporter mon aide, leur transmettre mes connaissances et surtout tenter de leur transmettre mon énergie, mon optimisme et ma persévérance. Il n'est pas question de leur « vendre » du rêve, mais de leur donner de l'espoir. Car derrière ce parcours en apparence « quasi idyllique » à leurs yeux, se cachent des années d'un dur combat qui est loin d'être terminé. Allan ayant été précurseur des prises en charge comportementales et cognitives en France, je n'ai pas eu personnellement d'exemple concret auquel me raccrocher durant toutes ces années et ça m'a terriblement manqué. Même si j'ai toujours été convaincue des choix que je faisais, j'avais ce sentiment d'avancer dans un épais brouillard et j'étais constamment inquiète sur nos chances de réussite. Alors aujourd'hui, faute de ne pas pouvoir toujours apporter à ces familles une solution clé en main, et même si chaque enfant est différent, il est très important pour moi de pouvoir au moins leur montrer que tout reste possible.

Les notifications ne cessent de retentir sur mon téléphone. Il ne se passe quasiment pas une seule journée sans qu'un ou plusieurs parents viennent solliciter mon aide. En l'espace de quelques mois, mon compte Facebook passe d'une quarantaine d'amis à bientôt deux mille, puis trois mille, quatre mille, etc. Les journées défilent et se ressemblent : des enfants déscolarisés, discriminés, maltraités, shootés aux médicaments ou « momifiés » dans des draps gelés *(packing)*. Des AVS et des enseignants incompétents, absents ou maltraitants. Des anecdotes à n'en plus finir sur les ravages que produit la psychanalyse sur les familles concernées par l'autisme. Des parents jugés, culpabilisés, faisant l'objet d'un signalement ou d'une information préoccupante, ou pire, à qui on a retiré leur enfant. Des enfants sans diagnostic, sans prise en charge depuis des années. Des parents asphyxiés financièrement à qui on diminue ou supprime les allocations. Des mamans solos au bord du gouffre, certaines au bord du suicide… La liste est interminable…

Ceux qui agissent comme moi – car je suis loin d'être la seule – savent à quel point gérer ces situations dramatiques peut être chronophage. On m'a souvent interrogée sur mes motivations à vouloir aider les autres, surtout dans ma situation où je manque cruellement de temps. J'ai mis longtemps à pouvoir clairement l'expliquer. Ma réaction au début fut tout simplement : « Je ne sais pas… ça me semble normal… je ne vais quand même pas les ignorer ! » Mais un jour j'ai compris que c'était beaucoup plus profond que ça. Sans le savoir, ces familles m'apportent tout autant. Depuis qu'elles sont si nombreuses à me contacter, j'ai vraiment mesuré l'ampleur de la situation catastrophique de l'autisme en France. Chaque message, chaque témoignage, chaque appel pourrait me tirer toujours un peu plus vers le bas, mais ce n'est pas l'effet que ça produit sur moi. Même s'il faut bien sûr reconnaître que c'est très difficile psychologiquement. Je suis tellement révoltée contre cette société maltraitante et discriminante que je ressens un besoin vital d'agir, pour mon propre enfant, mais aussi pour les autres. Chaque famille que je réussis à aider est pour moi une nouvelle revanche face à toutes ces injustices. Chaque problème réglé représente un enfant avec un avenir meilleur et une petite victoire vers une société plus juste. Au-delà des progrès que mon fils ne cesse de faire, je peux, en aidant les autres, transformer ma tristesse, ma colère et ma rage, en quelque chose d'incroyablement positif pour eux et pour moi. Un moyen d'alléger ma peine, de me rendre heureuse, de me sentir utile et d'avoir l'impression d'apporter ma pierre à l'édifice. J'essaye parfois de « lever le pied », pour me préserver, comme ne cesse de me le réclamer mon entourage, mais rester « spectatrice » de ce carnage me donne l'impression d'étouffer et de me consumer sur place. Alors comme je dis souvent : « Je n'ai pas vraiment de mérite car je n'arrive pas à faire autrement et ça me fait du bien ! »

Peu de temps après l'épisode de la grue s'organise à l'école une équipe éducative pour aborder la prochaine rentrée. Tout le monde est présent : l'institutrice, l'AVS, la directrice et les professionnels qui s'occupent d'Allan. Même s'il reste encore trois mois d'école, nous sommes forcés de constater qu'Allan n'a malheureusement pas le niveau pour intégrer une classe de CE2 en septembre prochain. Certes Allan sait à présent lire, écrire, additionner, soustraire, mais deux points faibles subsistent : faire appel à son imaginaire et comprendre tout ce qui est abstrait. Compétences indispensables pour poursuivre le programme de l'année prochaine. Nous décidons alors d'un commun accord qu'il est préférable pour Allan de refaire un CE1. Mais en septembre 2014 il intègre finalement une double classe CE1/CE2 qui, nous l'espérons, va le tirer vers le haut. C'est une nouvelle

AVS, Clémence, qui vient remplacer Anne qui n'a pas souhaité poursuivre cette année. Comme pour les précédentes, je l'ai soigneusement choisie parmi les candidatures que j'ai reçues et je suis heureuse de constater que le rectorat a tenu sa promesse : une fois son CV transmis, elle est convoquée quelques semaines plus tard et repart avec son contrat en poche. Les conditions idéales sont réunies pour qu'Allan surmonte ses difficultés : une école accueillante et bienveillante, une AVS adorable et performante ainsi qu'une prise en charge assurée par des professionnels particulièrement compétents. Seulement, ça ne se passe pas comme prévu… Pour Allan, les difficultés scolaires et les troubles du comportement persistent. Nous organisons donc une nouvelle réunion en février 2015 durant laquelle tout le monde tente de me persuader, avec délicatesse, de l'orienter vers une classe spécialisée que l'on appelle Ulis[1] : unités localisées pour l'inclusion scolaire. D'après eux, elle présenterait plusieurs avantages pour Allan : effectif réduit (douze élèves maximum), donc moins de bruits, mais surtout, il n'y aura plus de pression en ce qui concerne le programme scolaire. L'enseignante s'adaptera davantage à son rythme, à ses compétences et à ses particularités. Cette réunion a débuté il y a une demi-heure seulement ; tout ce que j'entends m'est insupportable et me donne envie de prendre mes cliques et mes claques. Je me sens à la fois profondément triste et en colère. Je comprends que c'est la première fois en huit ans qu'Allan stagne au niveau des apprentissages scolaires et ça me déstabilise complètement. Jusqu'à maintenant il

1. Dispositif qui permet la scolarisation d'élèves en situation de handicap au sein d'établissements scolaires ordinaires.

n'avait jamais cessé de progresser et il était évident pour moi qu'il poursuivrait une scolarité quasiment normale. Pire, je m'étais juré qu'Allan n'irait jamais dans ce genre de classe. Depuis des années je prônais l'inclusion scolaire en milieu ordinaire ; il était donc hors de question qu'il se retrouve à part dans une classe réservée aux enfants en grandes difficultés. Mais je dois aussi me rendre à l'évidence… Ces derniers mois, l'école semble être un véritable calvaire pour Allan. Il n'exprime rien à ce sujet, mais dans son attitude, c'est comme s'il me disait parfois : « Je sens bien que je suis différent des autres, que je n'y arrive pas et ça me rend malheureux. » Je quitte donc cette réunion, complètement perdue, partagée entre mes convictions, mes espoirs et la dure réalité. Je préviens tout le monde qu'il est hors de question que je prenne cette décision maintenant. Je dois accuser le coup, me poser et surtout prendre du recul. Il est temps d'arrêter cette course folle vers… Vers quoi finalement ? Quel est le but de tout ça ? Qu'est-ce que je souhaite réellement pour mon fils ? Ce qui est en train de se passer a au moins le mérite de m'obliger à analyser la situation en profondeur et à me poser des questions cruciales. Une longue réflexion m'amène alors à la conclusion suivante : « Estelle, arrête de vouloir le normaliser… cesse de vouloir le faire entrer dans ces cases que tu as toi-même toujours détestées. Allan ne sera jamais comme les autres, mais tu aimes tellement sa différence. Il n'aura jamais un parcours scolaire classique, mais honnêtement qu'est-ce qu'on en a à faire ? Regarde, Allan a toujours été autodidacte finalement. Il apprend quasiment tout par lui-même selon ses centres d'intérêt du moment. Persister à vouloir lui apprendre des choses sans un but bien précis n'a aucun sens pour lui. En ce moment par exemple, il apprend tous les pays et les capitales du monde entier juste parce qu'il a envie de voyager ! À 3 ans, il a appris l'alphabet tout seul parce qu'il voulait surfer sur Internet. De même pour tout ce qui concerne les dates ; le repérage dans le temps est tellement important pour lui qu'il est capable de mémoriser des calendriers entiers et de nous dire en quelques secondes que le 15 avril 2009 était un mercredi. Donc finalement, ce qui est vraiment important à l'école pour Allan, ce sont les copains et tous les codes sociaux qui vont avec. S'il y a bien un domaine dans lequel il n'a jamais stagné, c'est celui de la sociabilisation et c'est surtout de cela dont il a besoin. Pour le reste, c'est sûr, il se débrouillera. Moi, tout ce que je veux c'est qu'il soit heureux. Et la condition *sine qua non* pour être heureux, c'est d'être libre… Mais pour être libre il faut pouvoir être autonome… Et Dieu sait le chemin qu'il reste à parcourir de ce côté-là… » Ça y est, j'ai la réponse !

Je transmets donc ma décision à l'équipe : Allan ira en Ulis à la rentrée prochaine. Seulement, l'école actuelle ne dispose pas de ce type de classe ; il va donc devoir changer d'école. Je reprends alors mon bâton de pèlerin à la recherche d'une école qui serait heureuse de l'accueillir. J'en visite une, deux, trois… et c'est toujours le même schéma, la même ambiance, les mêmes questions dérangeantes ou réflexions désobligeantes. Pire, le fait de disposer d'un « passe-droit » concernant le choix de l'AVS semble en braquer plus d'un. L'intonation de leur voix trahit leurs pensées et sans doute meurent-ils d'envie de me dire que mon

« profil » les dérange. Mais je ne lâche pas et je finis par m'adresser à l'école où ma fille était à l'époque en primaire et dont j'avais plutôt un bon souvenir. Même si le directeur ne cache pas ses inquiétudes, l'entretien avec lui s'avère concluant. Mais qu'il se rassure, je ne vais certainement pas leur mettre la pression pour qu'Allan sache rendre une explication de texte ou pour qu'il récite par cœur ses tables de multiplications. Tout ce que je demande c'est de la bienveillance et le respect de ses spécificités. Peu importe qu'il ait le niveau CE1 ou CE2… Allan fera à présent son petit bonhomme de chemin selon ses possibilités. Car oui, à présent mes priorités sont ailleurs. Voilà des années que l'on se concentrait particulièrement sur les apprentissages scolaires, mais il est temps à présent qu'Allan intègre l'école de la vie !

14

« L'autisme c'est pas pour les enfants ! »

Après mûre réflexion, même si ce fut une décision difficile à prendre, c'est finalement celle que j'ai prise. J'ai donc envoyé une demande d'orientation en Ulis à la MDPH. Pour ceux qui penseraient qu'il s'agit là d'une simple formalité et qu'il revient bien sûr aux parents de décider ce qui est le mieux pour son enfant, eh bien détrompez-vous... Dans le monde du handicap, ça ne se passe pas comme ça. Quels que soient vos besoins, vos attentes, tout passe par eux et il faut à chaque fois leur adresser une nouvelle demande, monter un nouveau dossier et attendre qu'ils vous transmettent leur décision... Le 20 mars 2015, j'ouvre machinalement ma boîte aux lettres dans laquelle je découvre un courrier de la MDPH. À la lecture de celui-ci je suis stupéfaite... Ma demande d'orientation en Ulis est rejetée ! Certaines personnes, n'ayant jamais vu Allan, s'étaient réunies et avaient estimé qu'Allan devait poursuivre sa scolarité dans un cursus classique. Peu importent les rapports ou les arguments que j'avais pu joindre au dossier, tout cela avait visiblement été balayé d'un revers de la main, avec pour seul retour une fin de non-recevoir. Comment était-ce possible alors que cette décision avait été prise d'un commun accord avec toutes les personnes entourant Allan : les professionnels, la directrice et l'institutrice de l'école, la référente de scolarité, nous ses parents... Pour quel motif et sur quel critère se sont-ils basés pour rendre une telle décision ? Je n'en saurai jamais rien car aucun motif n'est mentionné dans ce courrier. Tout ce que je peux faire à présent, c'est contenir ma colère, contester cette décision par courrier recommandé et patienter à nouveau jusqu'à ce que je sois encore convoquée devant la CDAPH !

Le 16 avril, je me présente donc devant la vingtaine de personnes qui composent cette commission. Et comme j'en ai assez qu'Allan ne soit qu'un dossier parmi tant d'autres, comme j'en ai assez que ces gens décident à ma place sans même le connaître, je décide d'y aller avec lui. À peine arrivé dans cette grande salle et contre toute attente, Allan s'assied, s'empare du micro posé sur la table en face de lui et prend tout à coup la parole : « Bonjour, je m'appelle Allan, j'habite à Toulouse, j'ai 9 ans. » Amusée, je le regarde en me disant : « Tu es génial... oui c'est toi Allan et maintenant tous ces gens sauront qui tu es lorsqu'ils traiteront tes prochains dossiers. » L'AVS actuelle d'Allan et la directrice du Sessad ont gentiment accepté de m'accompagner ce jour-là pour appuyer ma demande. Nous nous lançons alors dans une véritable plaidoirie afin de convaincre « les jurés » des réelles difficultés d'Allan à poursuivre sa scolarité dans une classe normale.

Puis, dans un ultime argument pour défendre sa cause, j'en profite pour leur lire les conclusions du psychiatre suite au dernier bilan qu'Allan a passé à l'hôpital de la Grave en février dernier. Comme si la lecture de celui-ci ne m'avait pas déjà fait suffisamment de mal comme ça…, il faut en plus que j'étale les difficultés de mon fils devant ces parfaits inconnus pour espérer obtenir gain de cause. C'est tout simplement fou de devoir argumenter de la sorte pour obtenir quelque chose dont aucun parent ne voudrait… Si vous cherchez la définition d'une Ulis vous trouverez celle-ci : « Dispositif qui permet la scolarisation d'élèves en situation de handicap au sein d'établissements scolaires ordinaires. » Quel parent voudrait y mettre son enfant si ce n'est pour l'aider et parce qu'il estime que c'est l'ultime solution pour qu'il puisse poursuivre sa scolarité ? Ce système me semble à la fois scandaleux et totalement aberrant…

Cela dit, mon acharnement finit une fois de plus par payer car, quinze jours plus tard, je reçois une réponse favorable à ma demande. Non seulement j'obtiens une place en Ulis pour la prochaine rentrée, mais Allan va pouvoir continuer à bénéficier d'une AVS individuelle. Ce qui est extrêmement rare car généralement ils estiment que le faible effectif de ce genre de classe ne nécessite pas un accompagnement individuel en plus de la maîtresse. Sauf que pour Allan, si, c'est indispensable. Et cette fois-ci, pour la première fois, ce sera un homme, Éric, qui l'accompagnera. Me voici donc rassurée pour la rentrée du mois de septembre, je vais enfin pouvoir souffler un peu. C'est tout du moins ce que je crois jusqu'à ce fameux matin d'avril où je reçois un coup de fil de Clémence, l'AVS actuelle d'Allan. Tout de suite, rien qu'au son de sa voix, je sens un malaise… Pendue à ses lèvres, j'attends la mauvaise nouvelle qu'elle tente de m'annoncer : « Je suis vraiment désolée Estelle, mais je ne viendrai pas à l'école aujourd'hui et je ne reviendrai plus… Pôle Emploi m'a proposé un poste très intéressant pouvant déboucher sur un CDI ; je commence dès demain. » Je n'en reviens pas… Comment est-ce possible… ? Comment peut-elle abandonner Allan comme ça du jour au lendemain ? Je lui demande alors si elle se rend compte de ce qu'elle est en train de me dire, si elle réalise les conséquences que cela va avoir sur mon fils et à quel point ça va le perturber de ne plus pouvoir aller à l'école du jour au lendemain ? Visiblement mes paroles n'ont aucun impact car je reçois pour seule et unique réponse : « Je comprends, je suis vraiment désolée, mais je ne peux pas renoncer à une telle opportunité. » Ma stupéfaction se transforme rapidement en colère. Non seulement je lui dis clairement ce que j'en pense, mais je lui explique qu'il est hors de question qu'elle se défile ainsi, que la moindre des choses serait de venir l'annoncer elle-même à Allan et de prendre le temps de lui dire au revoir. Je sens bien à quel point ce que je demande lui semble insurmontable, mais devant mon insistance elle finit par accepter. Le soir même elle arrive chez moi et la scène à laquelle j'assiste est tout simplement insupportable… J'observe mon petit bonhomme en train de réaliser ce qu'elle est en train de lui expliquer et je vois la tristesse l'envahir. Je n'ai qu'une envie, hurler et la foutre dehors, mais bien sûr je n'en fais rien. Je la laisse assumer sa décision jusqu'au bout puis, sans un mot, je la laisse repartir.

J'ai beau essayer de comprendre, j'ai beau savoir à quel point le métier d'AVS est difficile, dénigré et sous-payé, je n'arrive pas à lui trouver d'excuses. Certainement parce que je serais incapable de faire une chose pareille à un enfant, quel qu'il soit… Je me sens tellement fatiguée et usée par ces interminables combats que je n'ai qu'une envie, laisser tomber. Mais encore une fois je ne peux pas me le permettre. Pas le temps de m'apitoyer sur notre sort, je dois au plus vite trouver une nouvelle AVS. Je viens à peine de passer une annonce sur Internet que la directrice de l'école m'appelle pour m'informer qu'il y a dans son école une AVS qui est très compétente et dont le contrat se termine le 9 mai prochain ; elle serait donc en mesure de s'occuper d'Allan à compter du 11. Faisant totalement confiance à la directrice, j'accepte sans hésiter. Allan ne va pas pouvoir aller à l'école durant ces quinze prochains jours, mais nous avons au moins trouvé une solution !

L'été arrive à grands pas et le seul fait d'y penser m'angoisse déjà. Je sais que je vais devoir affronter une période encore plus difficile que d'habitude pour la simple et bonne raison qu'Allan déteste les vacances. Elles impliquent en effet des changements importants dans son emploi du temps qui le déstabilisent et l'angoissent particulièrement. Nous avons beau les anticiper en prenant soin de créer un planning détaillé jour par jour, semaine par semaine, cela reste pour lui très compliqué à gérer. Cette situation s'annonce d'autant plus difficile qu'Allan semble prendre davantage conscience de sa différence et j'ai l'impression que ça le rend à la fois triste et en colère. D'ailleurs, pas plus tard que cette après-midi, Allan était particulièrement agité. Pendant que nous étions en train de faire les courses il s'est mis à répéter trente-six fois la même chose et ça s'est terminé en une véritable crise. Après avoir fini tant bien que mal mes achats puis rejoint mon véhicule, je pense qu'Allan a senti que j'étais un peu à bout et il n'a pas arrêté de s'excuser durant le trajet du retour. J'ai essayé de l'apaiser en lui disant que ce n'était pas grave, mais tout à coup il s'est mis à pleurer, m'a regardé dans le rétroviseur et m'a lancé : « L'autisme c'est pas pour les enfants ! » Ça m'a glacé le sang… Je crois que c'est la première fois que je l'entends prononcer le mot autisme… Il m'aurait dit : « Je ne veux pas être autiste » ça m'aurait fait le même effet. Que c'est dur de l'entendre prononcer une telle phrase… Je sens qu'il n'est vraiment pas bien en ce moment. Tout est sujet à des crises. Dès que je lui demande de faire quelque chose, il explose. Mais le souci est qu'il n'y a quasiment rien de spontané chez Allan. La plupart du temps il ne prend pas d'initiatives. Je suis constamment derrière lui à lui répéter ce qu'il est censé faire et ça le met hors de lui. Parfois, j'ai même l'impression qu'il ne me supporte plus… Ce dur constat ne fait que me conforter dans ma décision de « changer mon fusil d'épaule ». Les apprentissages scolaires ne sont plus la priorité. Allan a acquis le principal, il sait lire, écrire, compter, etc. Inutile de s'évertuer à lui imposer tel programme scolaire si celui-ci n'a pas de sens pour lui et s'il n'a pas un but bien précis. Ça ne rentre absolument pas dans sa logique ni dans son fonctionnement. Il lui faut avant tout du concret. Quand Allan s'intéresse à un sujet, il s'investit à deux cents pour cent et apprend avec une facilité déconcertante. Donc maintenant, je dois avant tout aider mon fils à devenir plus autonome et à prendre de l'assurance. Il devient urgent qu'il prenne confiance en lui et qu'il comprenne qu'il est capable de faire beaucoup de choses, comme tout le monde, malgré sa différence. Mais par quel moyen… ? Je me mets à réfléchir et je repense à l'époque où nous utilisions des séquentiels composés de pictogrammes placés les uns à côté des autres. Une sorte de frise chronologique représentant, sous forme d'images, les différentes étapes par lesquelles il devait passer pour atteindre un but bien précis. Comme dans l'exemple ci-dessous[1] :

1. Pictogrammes de la collection https://lespictogrammes.com/ réalisés par Anne-Marie Le Gouill.

Le souci c'est qu'Allan a fini par se lasser de ce système qu'il a utilisé pendant des années. De plus, je ne me sens plus le courage de me lancer à nouveau dans l'impression, le découpage et la plastification de centaines de pictogrammes comme j'ai pu le faire il y a quelques années. Et puis tout à coup je me souviens d'une idée que j'avais eue à une époque pour m'épargner tout ce travail. J'avais commandé des minicadres photos numériques sous forme de porte-clés dans lesquels je téléchargeais, par thème, les pictogrammes dont Allan avait besoin pour pouvoir communiquer. Si par exemple il avait soif, il prenait son porte-clés sur le thème de l'alimentation, faisait défiler les images jusqu'à ce qu'il arrive sur la bonne, puis me la montrait pour m'exprimer sa demande. Ce système était sacrément pratique, d'autant plus qu'il les avait toujours sur lui, accrochés à sa ceinture. Nous étions enfin débarrassés de ce classeur de pictogrammes encombrants et qui avait tendance à s'user relativement vite. Je n'en finis pas de me creuser la tête… Comme pour ces fameux petits porte-clés, il faudrait que je trouve un système qu'Allan aurait toujours sur lui, mais qui cette fois, le guiderait dans toutes les tâches du quotidien. Un système qui lui permette de faire les choses tout seul sans que je sois constamment sur son dos. Puis tout à coup il me vient une idée… : « Mais oui bien sûr ! Je sais ce qu'il lui faut ! Une montre connectée ! Je pourrais lui envoyer des consignes sous forme de pictogramme directement sur sa montre et il l'aurait toujours sur lui ! Fixée à son poignet, il ne risquerait pas de l'oublier ! » Je ne sais pas encore précisément comment je vais pouvoir paramétrer tout ça, mais je suis convaincue du concept. Persuadée que je vais forcément trouver une application qui puisse gérer l'envoi de notifications programmables sous forme d'images et/ou de textes, je commande immédiatement une montre connectée sur Internet. À peine reçue, je me mets à chercher activement cette application telle que je me l'imagine mais, au fur et à mesure que j'avance dans mes recherches, mes espoirs s'amenuisent... J'ai beau en télécharger et en tester plusieurs dizaines, rien ne correspond à ce dont j'ai besoin. C'est quand même dingue ! J'ai juste besoin d'une application sur laquelle je pourrais créer des séquentiels, que je pourrais programmer dans un planning pour qu'ils se déclenchent sur la montre aux jours et heures que je souhaiterais ! Visiblement je demande la lune car ça n'existe nulle part... Je me retrouve donc dépitée, avec ma montre connectée qui ne m'est plus d'aucune utilité... Et puis non ! Hors de question de laisser tomber ! Ça n'existe pas ? Très bien, je vais donc la créer ! Je m'empare alors d'un bloc de papier sur lequel je jette toutes mes idées. Quitte à la faire moi-même, autant y intégrer tout ce dont Allan pourrait avoir besoin. Il y aura donc la possibilité de créer des séquentiels, entièrement personnalisables (picto, photo, image, etc.), d'ajouter du texte car Allan sait lire, et de poser des questions auxquelles il pourra répondre par : « Oui » ou par : « Non » directement sur montre. Ainsi, s'il reçoit par exemple la consigne : « Je me douche », je pourrais y relier la question : « Es-tu douché ? » S'il répond : « Non », une alerte arrivera instantanément sur mon smartphone, me permettant ainsi d'aller l'aider. J'imagine également une fonction « mémo », un peu comme des pense-bêtes à portée de main. Elle me permettra d'anticiper les situations compliquées ou déstabilisantes dans lesquelles il pourrait se retrouver, et de lui proposer des solutions. Comme le mémo « Si je suis en colère », « Si je perds mon téléphone », etc. Petit à petit le document que je rédige commence à prendre forme, jusqu'à ressembler à un véritable cahier des charges. Je vais même jusqu'à chercher un nom et je finis par baptiser mon application : « Watchelp. » Il ne me reste plus qu'à la soumettre sur la plateforme codeur.com qui regroupe des milliers de développeurs pour obtenir des devis. Non seulement j'en reçois beaucoup, mais j'ai plaisir à recevoir des messages de mes interlocuteurs qui se réjouissent de découvrir enfin un projet à dimension humaine. Je fais le tri parmi les multiples devis dont les montants vont du simple au quadruple et mon choix finit par s'arrêter sur la société FrenchApp & Web située non loin de chez moi. Après les avoir rencontrés, je suis convaincue de faire le bon choix. Cette équipe semble particulièrement compétente, dynamique et elle a parfaitement compris ce que j'attendais.

Pour pouvoir mener mon projet à terme, j'ai besoin de vingt mille euros. Autant dire que je ne dispose absolument pas de cette somme et qu'il va encore falloir faire preuve d'imagination et de persévérance pour les trouver… Je décide alors de construire une campagne de crowdfunding, un mécanisme qui permet de collecter de l'argent auprès des particuliers au moyen d'une plateforme de financement participatif sur Internet, en vue de financer un projet. Étant donné le nombre de personnes que mon application est susceptible d'aider, je pense avoir des chances de la remporter. Et ce fut effectivement le cas ! Le 22 octobre 2015, après deux mois d'un travail acharné en communication dans les médias et sur tous les réseaux sociaux, je finis par obtenir la somme nécessaire. Ça y est, les développeurs vont pouvoir commencer à travailler sur mon projet ! C'est une véritable chance pour mon fils et pour toutes les personnes atteintes de troubles cognitifs, mais c'est aussi l'occasion pour moi de me reconstruire professionnellement. Voici maintenant deux ans que j'ai arrêté de « travailler » – je mets ce mot entre guillemets car j'estime quand même ne pas avoir chômé… – et il y a une semaine j'ai reçu un courrier de Pôle Emploi m'informant que je suis à présent en fin de droits, qu'ils vont donc me couper l'allocation-chômage et que je suis priée de faire une demande de RSA… À cette occasion, voici le post que j'ai publié à l'époque sur mon compte Facebook :

> « Cadre supérieure à l'âge de 25 ans, puis gérante de ma propre entreprise pendant plusieurs années, j'arrive en fin de droits dans huit jours, pour finir au RSA…
>
> Morale de l'histoire, restons humbles, la vie réserve bien des surprises…
>
> « Un grand merci » à l'État français pour ce "magnifique" carnage. Mais ne vous réjouissez pas trop vite… Malgré toute l'énergie que vous y mettez, vous avez peut-être eu ma peau, mais pas celle de mon fils, et c'est tout ce qui compte. »

15

L'autonomie à portée de main

« En 2074 tu vas mourir. Tu vas me manquer. » C'est avec cette nouvelle phrase prononcée par Allan que nous commençons cette année 2016. Je la trouve réellement touchante... Une façon à lui de me dire à quel point il m'aime et qu'il espère que je vais vivre le plus longtemps possible. Allan est comme ça ; sans filtre, avec cette innocence qui le caractérise, il dit les choses comme il les pense. Que ça plaise ou non, il a au moins le mérite d'être toujours honnête. C'est dans ces moments-là que je réalise à quel point il était important de tout faire pour qu'il parle. Il a tant de choses à exprimer... Comme aujourd'hui où je l'entends dire : « En 2026 je travaille plus l'autisme ! » Allan a déjà fait son calcul. D'ici là, il aura 21 ans, il estime qu'il n'aura plus besoin de prise en charge et à mon avis, il aimerait aussi qu'on le laisse tranquille ! Cette réaction ne me surprend pas tellement car elle correspond parfaitement à l'état d'esprit dans lequel il est en ce moment : il veut être comme tout le monde et faire les choses « tout seul comme un grand » ! Raison de plus pour persévérer dans mon projet et déployer mon application le plus rapidement possible.

Le grand jour arrive enfin ! Après avoir travaillé plusieurs mois avec l'équipe de développeurs, mon application est terminée. Ils ont fait un travail formidable ! Nous sommes le 15 février 2016 et je peux annoncer sur les réseaux sociaux que mon application est désormais téléchargeable ! Et s'il y a bien une raison pour laquelle je suis particulièrement confiante, c'est celle-ci : étant la première personne à bénéficier de cet outil, Allan fut bien sûr le tout premier testeur. Un soir, à peine rentré de l'école, je lui mets la montre au poignet, qu'il accepte de porter sans rechigner. Rien de vraiment étonnant car il est passionné de tout ce qui peu ressembler de près ou de loin à un écran. J'ai préparé un séquentiel composé de trois étapes illustrées par une image : « J'enlève mon manteau », « J'enlève mes chaussures » et « Je range mes affaires ». Trois choses qu'Allan ne fait pas encore spontanément. Une fois ce séquentiel programmé dans le planning, la première consigne est sur le point de se déclencher sur sa montre. Dans un suspens indescriptible, les yeux rivés sur Allan, Joanne et moi retenons notre souffle. « Est-ce que ça va marcher ? Va-t-il réagir ? » Puis tout à coup, nous entendons la petite vibration de la montre, destinée à prévenir Allan qu'une notification vient d'arriver. C'est à ce moment-là que quelque chose de magique se produit… Nous observons Allan en train de regarder sa montre puis d'enlever son manteau. La montre vibre à nouveau. Intrigué, Allan la regarde et se met à défaire les velcros de ses chaussures. Dernière vibration… il s'empare du manteau et des baskets qu'il avait laissés par terre et part les ranger correctement dans le placard. Stupéfaits, nos regards avec Joanne se croisent… Nous explosons de joie ! Pour nous, ce qui vient de se passer est tout simplement incroyable et nous réalisons tous les possibles qui s'offrent maintenant à lui. Mais le plus mémorable à ce moment-là restera cette expression sur le visage d'Allan. Il semble tellement fier et heureux ! Il a cette bouille sur laquelle nous pouvons clairement déchiffrer : « Vous avez vu ? J'ai fait tout ça tout seul ! » Mais quel bonheur !

Aucun doute, il faut à présent faire profiter mon invention au plus grand nombre. Pour cela, ce n'est pas très compliqué, il suffit de communiquer ! Alors non seulement je diffuse l'information sur plusieurs réseaux sociaux, mais j'en profite également pour rappeler tous les journalistes avec qui j'étais en contact lorsque je suis montée sur la grue. Enthousiasmés par mon idée et désireux de relater la suite de mon histoire, ils acceptent sans hésiter. C'est ainsi que peu de temps après, de nombreux articles de presse, interviews et émissions télévisées relayent l'information au sujet de mon invention. Suite à un reportage diffusé sur TF1, je reçois un appel totalement inattendu : il s'agit du président du concours Lépine qui vient de prendre connaissance de mon application en regardant le journal de 20 heures. Après m'avoir chaleureusement félicitée, il me propose de participer au prochain concours qui se déroulera pendant dix jours, en mai prochain à Paris. Décontenancée, je pense d'abord à Allan : « Comment vais-je pouvoir gérer à distance pendant tout ce temps ? » Puis, je m'empresse de lui demander : « Combien faut-il prévoir financièrement pour la location de ce stand ? » Après m'avoir annoncé le prix, je lui réponds avec regret que je n'ai malheureusement pas les moyens... Visiblement déçu, mais fermement décidé à me convaincre, il finit par me proposer l'entière gratuité. Je n'en reviens pas... et avec mes sincères remerciements, j'accepte sans tarder sa proposition. Il ne me reste plus qu'à m'organiser par rapport à Allan et à trouver l'argent qui financera le voyage et le logement. Mais comme j'ai la chance d'être particulièrement bien entourée, je peux vite tout organiser sans trop de difficultés. Grâce à ma fille, au père d'Allan et aux intervenants de la structure ABA, le planning et toute la logistique que celui-ci exige sont rapidement bouclés. Quant aux moyens financiers à trouver, quelle ne fut pas ma surprise lorsqu'une maman propose de diffuser une cagnotte sur Facebook pour encourager les familles concernées à m'aider. Ça me touche tellement... Les réseaux sociaux sont certes parfois critiquables, mais il s'y passe malgré tout de merveilleuses choses : l'échange, le partage, la solidarité et la générosité.

Depuis le lancement de mon application, ma vie ressemble à un véritable marathon. Nous ne sommes qu'en milieu d'année et j'ai déjà participé à quatre concours : le premier fut Atout Soleil en février, puis Lépine suivi de Connected Health Monaco en mai, et enfin Ocirp Handicap au mois de juin. Pour chacun de ces concours, je suis ressortie avec un trophée et de nombreux prix car, sans exception, je les ai tous gagnés.

Mais ce n'est pas ça le plus important. Ce qui compte à mes yeux c'est avant tout les témoignages particulièrement touchants que je reçois régulièrement des utilisateurs. Ces petits récits qui relatent chaque progrès que réalisent leurs proches grâce à mon application, cette autonomie qu'ils acquièrent petit à petit et ces aidants familiaux qui peuvent enfin souffler et retrouver un peu de sérénité. Le plus important également, ce sont ces occasions qui me sont données de parler de l'autisme et de sensibiliser le grand public à ce que peuvent être notre quotidien et nos combats. À chaque fois je suis agréablement surprise par l'accueil que l'on me réserve au moment où j'aborde ces différents sujets. Lorsque je remporte le premier prix du concours Connected Health Monaco, voici le message que je poste sur mon compte Facebook et qui résume assez bien la situation :

« Il y a une chose que je dois vous dire, qui va vraiment vous mettre du baume au cœur ! Hier, lorsque les dix start-up ont fait leur présentation (moi y compris), il y avait non seulement le vote du jury, mais également celui de toutes les personnes présentes dans la salle. Uniquement des professionnels de la santé. Inutile de vous dire que ça faisait du monde. Je suis passée en dernier. Les neuf autres projets étaient vraiment tops. Des choses incroyables, parfois d'un très haut niveau technique. Certains étaient particulièrement doués à l'oral et j'ai vu des présentations dignes de grandes agences de communication. Passant la dernière, après avoir assisté à toutes ces présentations, honnêtement je ne pensais pas gagner. Et pourtant… Pourtant les gens ont vraiment été très touchés, beaucoup sont venus me

voir à la fin pour me questionner, me féliciter, m'encourager… Tout ça pour vous dire qu'au-delà du premier prix, c'est cette sensibilité et cet intérêt collectif à notre cause et à notre combat qui m'a vraiment bouleversée. Ça fait tellement de bien ! »

Et ce combat est loin d'être terminé. Nous sommes en juin, et comme chaque année, je lis une multitude de témoignages sur les réseaux sociaux au sujet de la prochaine rentrée scolaire. Presque chaque jour, je reçois de nombreux messages de la part des familles qui m'appellent au secours au sujet de leur enfant qui n'a toujours pas d'AVS attribuée pour la rentrée, ou parce qu'ils viennent d'être informés que cette année les portes de l'école leur seront fermées. J'ai beau avoir l'habitude de lire ce genre d'histoires, je ne m'y fais pas. À chaque fois ça me prend aux tripes, à chaque fois c'est un sentiment de révolte qui m'emporte. De notre côté, ce n'est pas très reluisant non plus… Cette première expérience en Ulis n'a pas été des meilleures, loin de là. Et j'enrage encore plus en lisant les appréciations du dernier bulletin scolaire d'Allan : « Un comportement difficilement compatible avec le fonctionnement d'une classe dite ordinaire. » Je crois rêver… Rien de plus constructif à dire ? Et depuis quand une Ulis est une classe « ordinaire » ? Mais quand on y réfléchit à deux fois, au final oui, c'est tout à fait ça. Cette classe est tellement ordinaire qu'elle n'est donc pas adaptée à mon fils, à son fonctionnement et à sa différence. Raison pour laquelle il ne s'y sent pas bien. Je trouve ça d'autant plus injuste qu'Allan a malgré tout bien progressé. Mais c'est surtout grâce à Éric, son AVS, qui a fait un travail formidable malgré cet environnement inadapté et toutes les difficultés qu'il a pu rencontrer. C'est même quasiment le seul qui ne nous a pas abandonnés en cours d'année et qui a tenu ses engagements jusqu'au bout. Et pour cela je l'en remercie sincèrement. Maintenant, il ne nous reste plus qu'à patienter jusqu'à la prochaine rentrée, en espérant tomber sur une institutrice réellement formée et qui se sente davantage concernée. Mais en attendant, laissons tout cela de côté. Aujourd'hui Allan, c'est ton anniversaire et à cette occasion je t'écris ce poème :

Depuis que tu es petit
Chaque jour je me dis
« Tu auras une belle vie »
Je me le suis promis.

Je te regarde et je me dis
Que tu as tellement grandi...
Seras-tu un jour affranchi ?
Difficile à dire aujourd'hui.

Tu n'es pas né au bon endroit
Ici tout est un vrai combat
Je fatigue souvent parfois
Mais je ne baisse pas les bras.

Ils disent que tu es dans ta bulle
Pour moi c'est vraiment ridicule
Prenez donc un peu de recul
Vous n'avez juste pas la formule.

Le monde est pour toi angoissant
Tu agis tel un ouragan
Tu peux être très accaparant
Mais t'en vouloir est aberrant.

Tu fonctionnes juste différemment
Tu sais pourtant être accueillant
Et te montrer tellement aimant
Tu es pour moi si fascinant.

Je fais parfois ce rêve heureux
Que l'on te voit avec mes yeux
Un jeune garçon si délicieux
Et chaque fois si courageux.

Mais ils pensent que c'est contagieux
Et prennent cet air dédaigneux
S'ils savaient comme c'est douloureux
Et tout ce qu'on peut penser d'eux...

Je plains sincèrement tous ces gens
Ils sont d'un tel aveuglement
Leur cœur est un bloc de ciment
Et sont tellement ignorants...

Je te propose de les laisser
De continuer à avancer
Vers un avenir plus enjoué
Juste synonyme de liberté.

Continuons de nous entourer
De tous ceux qui t'ont accepté
Ceux qui nous ont toujours aidés
Ou qui t'aiment juste tel que tu es.

Je prends avec moi ton sourire
Ta force, ton courage et tes rires,
Cette magie que tu peux produire
Ce sont mes armes pour y parvenir.

Étant donné qu'aujourd'hui il fait particulièrement chaud, Allan me demande d'aller à la piscine à Colomiers. Il adore aller là-bas car il y a un grand toboggan qui mène directement au grand bassin. Ce qu'il déteste en revanche, c'est de devoir faire la queue pour pouvoir y accéder. Il s'agit là d'un exercice particulièrement difficile pour lui. Mais aujourd'hui, Allan ne manifeste pas trop son mécontentement et prend sur lui pour ne pas s'énerver. Le soir même, il me demande si nous pouvons y retourner le lendemain. J'accepte avec grand plaisir, ce qui visiblement le ravit. Le lendemain vers 13 heures, je lui signale que nous allons bientôt partir. Je le vois alors se précipiter vers le bureau, prendre un rouleau de scotch, découper un morceau et se le coller sur la bouche. Ce n'est pas la première fois qu'Allan fait ça. Comme il a encore beaucoup de difficultés à contrôler ses émotions, il a mis en place cette stratégie pour l'aider à ne pas crier. Sauf que là je ne comprends pas...

— Mais pourquoi tu fais ça Allan ? Tu ne veux plus aller à la piscine ?

Je l'observe alors en train de décoller partiellement le morceau de scotch situé sur sa bouche, puis tout à coup il me dit :

— Si je crie la piscine c'est fini.

Sur le moment je suis vraiment surprise car depuis ce matin il est tout heureux à l'idée d'y retourner. Je lui explique qu'il ne peut pas sortir comme ça avec ce scotch sur la bouche et je commence à l'enlever tout doucement. En l'espace d'une seconde, Allan se met à hurler puis à m'agresser violemment. Une fois que j'arrive à peu près à le calmer, voilà qu'il me répète :

— Si je crie la piscine c'est fini.

Dépitée, je lui repose la question :

— Allan, veux-tu oui ou non aller à la piscine cet après-midi ?

Droit dans les yeux il me répond :

— Oui je veux y aller.

Va comprendre… Dans ces moments-là, Allan est une véritable énigme pour moi. Je n'arrive absolument pas à décoder ce qui est en train de se passer…

À peine arrivé dans le hall de l'entrée, Allan se précipite sur la baie vitrée depuis laquelle il peut voir la piscine et les nombreuses personnes qui font la queue au toboggan. Puis subitement il se retourne, court vers moi en hurlant et m'agresse à nouveau. Alerté par ce vacarme, un gars de la sécurité intervient rapidement et tente de nous séparer. Une fois maîtrisé, Allan me regarde et me dit : « Si je tape la piscine c'est fini ! » Toujours dans l'incompréhension la plus totale, je l'encourage à me suivre jusqu'aux vestiaires puis, une fois changés, nous nous dirigeons vers le fameux toboggan qui ne désemplit pas. À peine arrivés, Allan se remet à hurler et s'en prend à nouveau violemment à moi. Tous les regards se posent alors sur nous, les maîtres nageurs commencent à s'affoler et moi j'essaie tant bien que mal de contenir Allan. Après avoir enfin réussi à plus ou moins l'immobiliser, il me regarde droit dans les yeux et me dit : « Si je tape, la queue au toboggan c'est fini ! » Et là... j'ai tout à coup un énorme déclic... ! « Mais c'est ça en fait qu'il essaye de me dire depuis le début ! » En l'espace de quelques secondes, je me repasse en boucle les différentes scènes qui se sont déroulées depuis hier et j'en tire la seule conclusion possible selon moi : pendant des années, nous avons « ignoré/redirigé » les comportements violents d'Allan. Cette technique a plutôt bien fonctionné car ses crises sont moins fréquentes et durent moins longtemps. Allan étant beaucoup plus dans la communication, la compréhension, l'échange... j'ai ensuite fait l'erreur d'agir à nouveau avec lui comme avec n'importe quel enfant. En lui disant par exemple : « Si tu tapes, on ne va pas au parc », « Si tu cries, on n'achète pas de Playmobil », « Si tu tapes, tu n'auras pas l'ordinateur »... Sauf qu'Allan l'a certainement interprété de la manière suivante : « Si je tape = ça n'arrivera pas, ça s'annule, ça n'aura pas lieu. Si je tape = 0 ! » Donc, dans la situation qui nous concerne aujourd'hui, il doit probablement se dire : « Si je tape = il n'y aura pas la queue au toboggan » ! Convaincue que je tiens enfin une piste, je regarde Allan et je tente de lui expliquer la chose suivante : « Non Allan, si tu tapes, ça ne change pas, ça ne change rien. Si tu tapes, si tu cries, il y aura toujours la queue au toboggan. En revanche, c'est à toi de décider si tu veux faire la queue ou pas. » Visiblement très surpris par ma réponse, il arrête soudainement de se débattre, se relève et se dirige tranquillement vers la piscine. Le soir même, à peine rentrés, Allan me demande de retourner à la piscine le lendemain. J'accepte à nouveau. Vers 13 heures, au moment de partir, la même scène se produit : il prend un bout de scotch et avant de le coller sur sa bouche il me dit : « Si je crie, la piscine c'est fini. » Je lui réponds : « Non Allan, ça ne change absolument rien. Si tu cries, nous allons quand même à la piscine. Si tu cries ou si tu tapes, il y aura quand même la queue au toboggan, mais c'est toi qui décides si tu veux faire la queue ou pas. » Puis je retire le morceau de scotch sur sa bouche. Alors que la veille il avait explosé de colère, je vois Allan prendre ses affaires et se diriger vers la porte. Ce jour-là, nous sommes restés trois heures à la piscine. Il y avait bel et bien la queue au toboggan, mais concernant Allan, pas un cri, pas le moindre geste violent… Après cet épisode et dans différentes situations, Allan m'a répété plusieurs fois cette fameuse phrase « Si je tape… », « Si je crie… » et ma réponse a toujours été la même : « Non Allan, ça ne change pas, ça ne change rien. » Concernant mon analyse, les mois qui ont suivi m'ont donné raison car à partir de ce jour-là, Allan n'a plus montré le moindre signe d'agressivité envers moi pendant plus d'un an et demi…

16

Autisme et politique

En ce 1er septembre 2016, tous les enfants ont repris le chemin de l'école. Enfin non... pas tous loin de là, car cette année encore, seulement vingt pour cent des enfants autistes ont la « chance » de pouvoir y aller. Non seulement Allan en fait partie, mais ce matin, il est rentré en Ulis accompagné de son AVS individuelle, Julie. Après avoir diffusé une offre d'emploi, retenu sa candidature et transmis son CV au rectorat, celui-ci l'a convoquée pour lui faire signer un contrat de vingt heures par semaine comme je leur avais demandé. Ce qui devrait naturellement être attribué à chaque enfant, je l'ai « injustement » obtenu du haut d'une grue. Oui, c'est certainement ainsi que l'ensemble des familles doit percevoir ma situation et elles ont bien raison. Il faut donc risquer sa vie pour pouvoir scolariser décemment son enfant ? Cela semble totalement ubuesque, mais c'est pourtant la triste réalité et bien que ma situation soit réglée, je n'arrive pas à décolérer. Je n'en peux plus de ces injustices. Aussi, quand j'apprends dans les médias que la ministre de l'Éducation nationale, Najat Vallaud-Belkacem, sera bientôt de passage à Toulouse pour visiter deux lycées, je me précipite sur les réseaux sociaux pour encourager les parents à organiser une manifestation devant l'un de ces deux établissements. J'en profite pour demander à tous les parents qui n'ont pas pu scolariser leur enfant de m'envoyer une petite vidéo dans laquelle ils témoignent. Le but : faire un montage et l'envoyer à tous les médias. Cette rentrée scolaire est tellement catastrophique que les réponses positives ne se font pas attendre. Motivées comme jamais, les familles commencent à s'organiser : communiqués de presse, vidéos, banderoles, mégaphone, etc., tout se met en place très rapidement. Seulement, on ne connaît pas en détail le programme de la ministre, ni l'heure à laquelle elle doit se rendre dans ces deux établissements. Alors je décide d'y aller au culot et d'appeler le lycée Daniel-Faucher en me faisant passer pour une journaliste désireuse de relayer l'événement. Mon interlocuteur ne se doutant de rien, il ne m'aura fallu que deux minutes pour obtenir cette précieuse information que je m'empresse de communiquer aux familles : « On se rejoint tous sur place à 14 heures ! » J'en profite également pour contacter le responsable des renseignements généraux qui avait pris soin de me laisser ses coordonnées lorsque je suis descendue de la grue. Je lui demande s'il lui serait possible de m'organiser un rendez-vous avec la ministre. Content d'avoir de mes nouvelles, il me répond : « Je ne vous cache pas que ça risque d'être compliqué, mais je vais voir s'il est possible de bloquer un créneau avec l'un de ses conseillers. » Une heure plus tard il me rappelle : « C'est bon Madame Ast, j'ai pu vous obtenir un rendez-vous. La ministre ne peut malheureusement pas vous recevoir, mais vous pouvez rencontrer son conseiller à 13 h 30 demain après-midi. » Cette nouvelle me ravit, mais du coup, je ne vais pas pouvoir me rendre à la manifestation prévue à 14 heures. Peu importe, il est tout aussi important de remonter les informations en haut lieu. Quelques minutes plus tard, je reçois un appel d'un journal local qui me propose de suivre l'événement et d'interviewer quelques familles devant le lycée concerné. Parfait, tout est en place !

Le lendemain tout se passe comme prévu. Plusieurs mamans accompagnées de leurs enfants et de la journaliste se présentent au lieu de rendez-vous. Pris de court, le service de sécurité se dirige rapidement vers elles, puis les somme de replier leurs banderoles et de partir. Traitées à la limite comme des Black Blocs, elles n'ont pas d'autre choix que de reculer jusqu'à l'autre bout du site. De mon côté, je patiente dans une salle, accompagnée du responsable des renseignements généraux. Nous échangeons sur la situation jusqu'à ce qu'une personne vienne interrompre notre conversation pour me signaler que le conseiller est prêt à me recevoir. Très rapidement il me demande la raison pour laquelle j'ai demandé à le voir. Je lui réponds que ma présence aujourd'hui est motivée par plusieurs raisons et non une seule. Toujours très calmement, mais fermement, je me lance alors dans un véritable état des lieux : la situation des familles, le nombre d'heures d'école, parfois ridicules, qui sont attribuées aux enfants, le manque cruel d'AVS, les parents qui sont obligés de visiter une dizaine d'écoles avant d'en trouver une qui daigne bien vouloir accueillir leur enfant, les notifications MDPH qui au final ne servent à rien, les rectorats injoignables, les AVS non formées et celles « qu'on retire à Paul pour habiller Jacques », les chefs d'établissements qui se permettent de virer des élèves « un peu trop autistes » à leur goût, etc.

— Je trouve que vous dressez un tableau bien noir de la situation Madame Ast. En tout cas, ce ne sont pas les informations que nous détenons.

— Ah bon ? Vous trouvez ? Dites-moi Monsieur, j'aimerais que vous répondiez à une question... Si vous aviez un enfant handicapé, accepteriez-vous de le confier à une personne qui n'a aucune expérience, ni aucune formation ?

— Je ne peux pas répondre à cette question, je ne suis pas dans cette situation.

— Eh bien permettez-moi de répondre à votre place. La réponse est : « Non » bien évidemment. Seulement, la fonction que vous occupez ne vous permet pas de me répondre honnêtement. Mais j'ai d'autres questions pour vous : « Si vous aviez un enfant handicapé, accepteriez-vous de le déscolariser faute d'avoir pu obtenir une AVS ? Accepteriez-vous de quitter votre emploi actuel, en tant que conseiller de la ministre, parce que personne n'accepte votre enfant ? Ni à l'école, ni nulle part ailleurs. Accepteriez-vous, faute de solution, de devoir placer votre enfant dans une institution ou de l'envoyer dans une structure à l'étranger ?

Gros blanc... aucune réponse... Il a beau tenter de rester stoïque, je sens chez lui un certain malaise...

— Vous n'avez rien à répondre Monsieur ? Très bien... Pouvez-vous alors m'expliquer par quel miracle nos voisins anglais réussissent à scolariser quatre-vingts pour cent des enfants handicapés contre vingt pour cent chez nous ? Comment est-ce possible ?

— Nuance madame, en Angleterre tous les enfants handicapés ne sont pas forcément pris en charge à l'école, mais dans des structures spécialisées.

— Uniquement pour les cas les plus compliqués, oui, en effet Monsieur. Et chez nous, lorsque nos enfants n'ont pas accès à l'école, vous proposez quoi exactement ? Une structure de prise en charge éducative à la place ? Lesquelles ? Donnez-moi s'il vous plaît les coordonnées de celles qui, aujourd'hui, sont en mesure d'accueillir tous les enfants déscolarisés ; je vais les noter.

Il me regarde droit dans les yeux, mais aucun son ne sort de sa bouche. Je sens qu'il commence à perdre ses moyens et j'avoue que j'en retire une certaine satisfaction. Lui pratique la langue de bois, mais ce n'est absolument mon cas. Personnellement, j'ai autre chose à faire que de tourner autour du pot. Cela fait maintenant des années que les gouvernements se succèdent, se ressemblent et nous bercent de belles paroles. Moi, j'ai besoin de réponses précises. Mais le conseiller que j'ai en face de moi donne plutôt l'impression de s'enliser dans son silence. Puis tout à coup, comme s'il se raccrochait à une branche, il me dit :

— Il faut quand même prendre en compte que dans certaines régions nous n'arrivons pas à recruter d'AVS !

Stupéfaite par sa réponse, j'éclate de rire !

— Si, si Madame Ast, dans certaines villes nous avons des offres d'emploi non pourvues !

— Ah d'accord… Vous parlez de ces offres d'emploi pour des contrats précaires, pour des postes d'AVS payés au lance-pierre et qui, dans la réalité, correspondent à des postes d'éducateurs spécialisés qui ont bac + 3, c'est bien ça ? Vous parlez de ces emplois pour lesquels vous n'exigez aucune expérience particulière et pour lesquels les AVS ne recevront aucune formation ? J'imagine que vous avez également précisé à ces personnes qu'elles vont se retrouver face à un enfant handicapé et qu'elles vont devoir se débrouiller ? Leur avez-vous indiqué qu'elles vont peut-être devoir travailler chaque jour pendant quatre heures dans une école, puis trois heures dans une autre ? Avez-vous mentionné le fait qu'elles ne seront pas forcément les bienvenues dans ces écoles, au même titre que les enfants dont elles s'occupent ? Sont-elles au courant que si elles veulent survivre financièrement, elles devront trouver un autre boulot à côté parce que leur contrat ne dépassera jamais les vingt heures par semaine ? C'est bien de ces postes-là dont on parle, n'est-ce pas Monsieur, et pour lesquels vous ne trouvez personne ? Et donc, si je comprends bien, vous ne comprenez pas pourquoi vous avez du mal à recruter des AVS… Oui, c'est vraiment bizarre n'est-ce pas ? Pire, vous êtes en train de me dire que ça vous sert d'excuse pour laisser les enfants handicapés hors de l'école !

— C'est en effet le problème Madame Ast… Je vais remonter ces informations au ministère.

— Ce n'est pas « le problème » monsieur ! C'est une multitude de problèmes ! J'ai même envie de dire, c'est la base de tout ! Vous ne semblez pas comprendre que tant que vous maintiendrez ce type de contrat, tant que le métier d'AVS ne sera pas reconnu à sa juste valeur, vous continuerez à faire du bricolage. Parce que votre façon de travailler, depuis toutes ces années, n'est ni plus ni moins que du bricolage !

Un nouveau silence s'installe… Je sens qu'il n'en peut plus et qu'il donnerait cher pour sortir de cette pièce.

— Vous n'avez toujours pas de réponse à me donner Monsieur ?

Alors, en désespoir de cause et pour se débarrasser de moi au plus vite, je l'entends se lancer dans un discours de « bon politicien », d'une banalité effarante. J'ai droit à un interminable « blabla », à « il y a quand même des efforts de faits », « les statistiques montrent que… », « la situation est quand même globalement satisfaisante »…

— Satisfaisante ? Vous avez dit satisfaisante ? J'espère que vous plaisantez. Je vais vous montrer moi, à quel point la situation est « satisfaisante » Monsieur. Et je ne parle pas de chiffres ou de statistiques !

À bout de patience, je prends mon ordinateur que je place face à lui, puis je lance une vidéo. Il s'agit du montage que j'ai réalisé avec une multitude de témoignages poignants de parents qui se sont filmés, la plupart du temps en présence de leur enfant censé être à l'école… Une fois la vidéo terminée, le silence s'installe à nouveau… Tout en fermant mon ordinateur, je le regarde droit dans les yeux en lui disant : « Je pense que les médias vont adorer. »

Le jour même, la journaliste qui avait suivi l'événement publie un article intitulé : « Les mamans d'enfants autistes privés d'école n'ont pas pu parler à Najat Vallaud-Belkacem. » C'est effectivement ce qui s'est passé. Non seulement on les a priées de partir mais, comme l'indique la fin de l'article paru dans la presse : *« Même si un représentant du rectorat a promis de les recevoir très prochainement, elles sont restées invisibles pour la ministre qui est passée devant leur rassemblement sans même les remarquer. »* Pour que tout le monde sache de quelle manière ont été traités ces parents et leurs enfants, de nombreuses familles se mettent à partager cet article sur les réseaux sociaux.

Dès le lendemain, une maman m'interpelle sur Facebook en fin de journée pour me signaler que l'article en question n'est plus accessible sur le site concerné. Elle trouve ça vraiment curieux car c'est le seul parmi tous ceux parus ce jour-là qui est maintenant introuvable. Après avoir vérifié, je lui confirme que c'est effectivement le cas. Et j'ajoute : « Si ça c'est un hasard, moi je suis la reine d'Angleterre… » Je sens alors la colère monter… Si c'est vraiment ce que je pense, là ça dépasse franchement les bornes. Dès le lendemain, j'informe donc les familles sur Facebook au sujet de ce nouveau rebondissement et je les encourage toutes à téléphoner au média concerné pour obtenir une explication. Elles sont tellement stupéfaites de ce qui est en train de se passer que le standard du journal local se met rapidement à « exploser » ! Totalement pris au dépourvu, nos interlocuteurs font mine au départ de ne pas comprendre ce qui se passe : « Ne vous inquiétez pas, je me renseigne et je vous tiens au courant. » Quelques heures plus tard, sous la pression des appels téléphoniques des familles, le rédacteur en chef finit par confirmer que l'article a bien été retiré. Pourquoi ? Nous n'avons toujours pas d'explication. Ces non-dits ne font que redoubler la colère des parents. L'idée même que nous ayons pu être censurés est pour nous absolument intolérable et il est donc hors de question de laisser passer une chose pareille. Tant que nous ne connaîtrons pas la raison exacte et tant que l'article ne sera pas remis en ligne, nous ne lâcherons pas.

Il aura fallu quasiment une journée entière pour obtenir une nouvelle explication. Le personnel qui travaille pour ce journal croule tellement sous les appels qu'il finit par ne plus décrocher leur téléphone. Les rares personnes que nous arrivons enfin à joindre sont au bord de la crise de nerfs. Nous finissons donc par apprendre que, suite à bug informatique, des milliers d'articles ont disparu, dont le nôtre. Ils nous demandent alors de faire preuve de compréhension car : « Vous comprenez, on ne va pas s'amuser à réécrire tous ces articles ! » Stupéfaite par leur réponse, je leur demande : « Mais comment est-il possible que vous nous preniez autant pour des imbéciles ? Il suffit de se connecter à votre site pour vérifier par soi-même que seul l'article au sujet de la ministre a disparu ! » La situation devient totalement ahurissante. Il n'y a à présent plus de place au doute, nous avons bel et bien été censurés. Mais pour quelle raison exactement ?

Sur la demande de qui ? Ne cessant de les harceler au téléphone et de décharger leur colère sur les réseaux sociaux, les familles se montrent plus déterminées que jamais. La situation prend alors une ampleur incroyable et d'autres médias se mettent à s'intéresser à ce qui est en train de se passer. Puis tout à coup, comme par miracle, l'article réapparaît le soir même vers 21 heures. Seulement il y a un gros problème… La date a changé et un nouveau paragraphe a été rajouté ! : « Une mère de famille, qui avait demandé la veille à être reçue, *était en audience* au rectorat au moment même du rassemblement qui n'avait pas été annoncé. Pour autant, un représentant de la ministre a rencontré les mères de famille (elles n'ont pas été "ignorées par la ministre"), avec la préfecture et le rectorat, et un rendez-vous collectif a été fixé dans les jours suivants au rectorat pour faire le point sur les cas individuels, tient à préciser la préfecture. » Le lendemain, deux articles à ce sujet sont publiés par d'autres médias. Toujours disponibles actuellement sur le Net, l'un s'intitule : « Najat Vallaud-Belkacem a-t-elle fait censurer un article[1] ? » et l'autre « Comment le cabinet de Najat Vallaud-Belkacem a fait supprimer un article[2] ? (Réapparu un jour plus tard) » Comme je sais que certaines personnes se feraient un grand plaisir de me poursuivre pour diffamation, je laisse le soin à chacun d'en tirer ses propres conclusions…

1. https://www.closermag.fr/politique/najat-vallaud-belkacem-a-t-elle-fait-censurer-un-article-665544

2. https://www.arretsurimages.net/articles/comment-le-cabinet-de-vallaud-belkacem-a-fait-supprimer-un-article-de-la-depeche

17

« La violence de la vie »

Mon application Watchelp commence vraiment à prendre de l'ampleur et c'est avec une certaine fierté que je regarde le Kbis de ma société que je viens de recevoir. Cette nouvelle étape a notamment pu être franchie grâce à un couple adorable que j'ai eu la chance de rencontrer et qui croit vraiment en mon projet. Au point d'y investir la somme de trente-six mille euros. Rajoutant dans la boucle une précieuse amie qui vit aux États-Unis, me voici à présent entourée de mes nouveaux associés pour poursuivre cette fabuleuse aventure. Et ils ne sont pas les seuls à montrer autant d'enthousiasme. Cette année encore, je participe à trois concours, et comme l'année dernière, j'en ressors à chaque fois victorieuse. Mais le plus bel exemple qui prouve que mon concept fonctionne se trouve là, sous mes yeux. Celui qui incarne le mieux cette quête vers l'autonomie c'est mon fils. Voici maintenant plus d'un an qu'Allan l'utilise chaque jour et ses progrès sont fulgurants. Inutile à présent de lui dire ce qu'il a à faire. Grâce à ce petit « compagnon » qu'il a toujours avec lui, Allan peut maintenant réaliser une multitude de choses tout seul. Non seulement c'est avec plaisir qu'il suit ce que sa montre lui indique, mais je suis en train de comprendre que ce système fonctionne comme une méthode d'entraînement cérébral. À force de recevoir tous les jours les mêmes consignes, Allan met réellement du sens sur celles-ci. Et de plus en plus souvent, je l'observe en train de réaliser certaines tâches avant même qu'elles apparaissent sur la montre. Non seulement ça fonctionne, mais encore mieux que prévu ! À ce rythme-là, je pense qu'Allan n'aura même plus besoin de sa montre d'ici quelques années !

Dommage que tout ne soit pas toujours aussi « rose »... Nous sommes le 21 février 2017 et les vacances d'hiver viennent juste de se terminer. Allan est donc censé reprendre l'école ce matin, mais Julie, son AVS, vient de m'envoyer un SMS pour m'informer qu'elle ne reviendra pas... Ce qui est en train de se passer est pour moi totalement improbable... Elle avait toutes les vacances scolaires pour me l'annoncer et me permettre d'anticiper, mais non, elle choisit le jour de la rentrée pour m'en informer. C'est à croire que maintenant ça se passe comme ça... Un simple appel ou un texto et du jour au lendemain, celle qui accompagnait votre enfant se retrouve aux abonnés absents. Comme la majorité de celles qui l'ont précédé... Ce n'est pourtant pas faute d'avoir tout fait pour améliorer leurs conditions de travail... Mais en même temps, au prix où ces AVS sont payé(e)s, il ne faut pas non plus s'attendre à des miracles... Mis à part le fait que Julie semble dénuée d'empathie et de savoir-vivre, nous, parents, avons beau répéter qu'il y a vraiment un problème de qualification, de formation et de rémunération concernant ce métier, personne ne semble écouter. Et les premiers à en subir les conséquences sont bien entendu les enfants. C'est sans doute pour ça que j'entends Allan me dire ce matin :

— Maman, les Bisounours ça n'existe pas dans la vraie vie.

— Oui malheureusement, je te confirme mon chéri...

Beaucoup pensent que nos enfants ne ressentent rien ou presque, qu'ils ne se rendent pas vraiment compte de ce qui se passe, parce qu'ils sont prétendument « dans leur bulle »...

Trois semaines plus tard, je reçois un coup de fil de la maîtresse d'Allan qui souhaite prendre de ses nouvelles. Depuis tout ce temps, Allan est déscolarisé car il m'aura encore fallu trouver une remplaçante. Elle souhaite donc savoir comment s'est passée cette période et s'il est heureux à l'idée de reprendre le chemin de l'école avec sa nouvelle AVS. Au cours de la conversation, elle me raconte un événement qui s'est déroulé dans la classe un peu avant les vacances, période durant laquelle je suis persuadée qu'Allan sentait déjà que Julie allait partir. Elle m'explique alors qu'après s'être mis en colère, il était particulièrement triste et pleurait beaucoup. Pour l'apaiser, elle l'avait installé dans le coin « repos » en lui mettant une petite couverture sur lui. Comme elle essayait tant bien que mal de le consoler, Allan s'est tout à coup retourné vers elle en lui disant : « La violence de la vie. » Je suis choquée par ce qu'elle vient de me dire et je sens ma gorge se serrer. J'aimerais tellement que tout le monde perçoive à quel point Allan ressent tout, même certainement plus que nous. Non seulement ses sens sont hyperdéveloppés, comme l'ouïe, la vue, le toucher, l'odorat, etc., mais il est surtout doté d'une hypersensibilité. Oui, Allan donne souvent cette impression « d'être ailleurs », mais de nombreuses situations m'ont prouvé qu'il voit tout, qu'il entend tout et analyse sans cesse ce qui se passe. Il faut être aveugle pour ne pas voir que son cerveau fonctionne constamment en sur régime et qu'il n'arrête jamais de réfléchir. Poursuivant ma conversation avec sa maîtresse, je déplore l'attitude de Julie et je la remercie chaleureusement pour la bienveillance dont elle a toujours fait preuve.

Ajouté au fait que le système scolaire n'est pas adapté dans sa globalité, je pense que c'est aussi cette accumulation de déceptions qui pousse Allan à m'annoncer aujourd'hui qu'il ne veut plus aller au collège à la rentrée prochaine. Certains professionnels qui l'entourent m'avaient déjà alertée sur le fait qu'Allan ne s'y épanouirait probablement pas et c'est à présent lui-même qui me le confirme. Je lui explique alors que cela risque d'être compliqué et que ça ne nous laisse pas beaucoup de possibilités. Aussi je lui demande comment il envisage de passer ces prochaines années. Sans hésiter il me répond :

— Je veux travailler !

Très surprise, je lui explique, le sourire aux lèvres :

— Mais c'est impossible mon chéri, tu n'as que 12 ans…

Comme si mon argument ne tenait pas, Allan insiste :

— Si, je veux travailler !

Ayant l'habitude avec lui de lire entre les lignes, j'en déduis qu'il a surtout besoin de passer à des choses beaucoup plus concrètes et qu'il n'en peut plus de rester enfermé dans une salle de classe, même si ce n'est que la moitié du temps. Pire, il me fait régulièrement comprendre qu'il en a assez des prises en charge. Je ne compte plus le nombre de fois où il m'a répété dernièrement : « L'autisme c'est fini ! Je ne travaille plus l'autisme ! » Aujourd'hui Allan est en capacité de s'exprimer et c'est d'un ras-le-bol général dont il me fait part. Alors, après mûre réflexion et face à l'incompréhension de beaucoup de parents, je prends une décision radicale : « D'accord Allan, on arrête tout ! » Non seulement j'estime que je n'ai pas à décider seule et que je me dois de l'écouter, mais mon intuition me dit que c'est lui qui a raison. Cela fait dix ans qu'il suit cet emploi du temps de ministre et qu'il s'accroche courageusement. Certes, c'était indispensable, mais en effet ça ne l'est plus maintenant. Car tout ce qu'il a acquis, ajouté à sa volonté de fer et aux stratégies qu'il est capable de mettre en place pour pallier ses difficultés, nous permet à présent de pouvoir faire autrement. J'appelle donc les professionnels qui s'occupent d'Allan pour leur faire part de notre décision, et la grande majorité nous soutient. Mais il nous faut à présent trouver une solution. Tout arrêter oui, mais pour aller vers quoi ? C'est alors que la psychologue me propose de visiter un IME – Institut médico-éducatif – qu'elle connaît et qui, selon elle, serait parfaitement adapté. Apparemment loin de ressembler à tous ceux que je connais, elle m'encourage vivement à prendre contact avec l'équipe concernée. Elle souligne le fait qu'Allan serait toujours scolarisé puisque cet établissement dispose de plusieurs classes, mais qu'il pourrait aussi y pratiquer de nombreuses activités et surtout, y apprendre bientôt un métier. Elle termine en me précisant que cet établissement prône l'inclusion en milieu ordinaire et qu'ils ont plusieurs partenariats avec des sociétés extérieures dans lesquelles les jeunes peuvent réaliser des stages et découvrir différents secteurs d'activité. Sur le moment, j'hésite énormément. Puis je repense à Allan qui veut absolument travailler... Je finis donc par me décider à les appeler. Après avoir visité les lieux, rencontré l'équipe et échangé longuement avec elle, je confirme mon souhait d'y inscrire Allan. À partir de la prochaine rentrée, il ira là-bas tous les matins et travaillera l'autonomie et les habiletés sociales les après-midi avec de nouveaux intervenants extérieurs. Et l'avenir me prouvera que c'était le bon choix...

Malgré ça, Allan n'est pas du genre à se décourager et il est bien décidé à nous montrer, une fois de plus, de quoi il est capable. Jusqu'à présent, Allan a pris deux fois l'avion avec moi et il estime qu'il peut maintenant le prendre tout seul pour aller voir sa mamie à Paris. Plutôt angoissée par cette idée, je repousse plusieurs fois l'échéance, mais cette fois-ci, pour les vacances d'avril, Allan est bien décidé à me faire céder. J'essaie de me raisonner et je me dis intérieurement qu'il ne serait vraiment pas logique de le freiner dans cette envie d'indépendance alors que je fais tout pour l'encourager dans ce sens. Je décide donc d'appeler ma mère qui m'annonce qu'elle serait absolument ravie d'accueillir son petit-fils dans ces conditions. Après avoir raccroché, j'attrape fébrilement mon ordinateur portable, puis je lui réserve ses billets d'avion en cochant le service Kids Solo. Une fois le paiement validé, je me dis : « Bon, voilà... on y est… Encore une sacrée étape de passée ! » Et c'est peu de le dire car ce jour-là, non seulement Allan a parfaitement bien géré la situation, mais il n'a pas montré le moindre signe d'angoisse lorsque l'avion a atterri avec une demi-heure de retard ! Ce qui, le connaissant, est tout simplement épatant…

Et comme s'il estimait que ça ne suffisait pas, Allan me fait rapidement savoir qu'il souhaite maintenant rester un peu seul à la maison : « À 12 ans c'est possible ! » me dit-il. Voilà ce qui est aussi génial avec lui. Étant constamment en train d'analyser et de tout décoder, il se fixe ainsi de nouveaux objectifs. Un peu comme s'il avait listé ce qu'il est censé faire à son âge, il se donne alors les moyens d'y arriver. Une fois de plus, je décide donc de l'accompagner dans cette nouvelle quête d'autonomie et je réfléchis à la manière dont je pourrais sécuriser au mieux cette situation. Étant devenue une véritable adepte des objets connectés, mon choix s'oriente rapidement vers des ampoules faisant également office de caméras. Celles-ci installées dans toutes les pièces de l'appartement, je peux ainsi, depuis mon téléphone portable, garder un œil sur lui et lui parler à travers les microphones dont elles sont équipées. Bien entendu, je préviens Allan et je lui fais même une démonstration. Certes ce système est intrusif, mais au stade où nous en sommes, il est indispensable d'assurer sa sécurité. Plutôt amusé par ce concept, Allan accepte sans rechigner. Il est tellement heureux à l'idée de pouvoir rester seul à la maison « comme un grand », que cette condition ne semble pas du tout le perturber. Je dirais même qu'elle semble le rassurer. C'est donc à partir de ce moment-là que j'ai commencé à passer de plus en plus de temps dans le petit parc situé juste en face de chez moi. Si au départ je n'y passais qu'une vingtaine de minutes, j'ai rapidement, au fil des semaines, fini par y passer plusieurs heures. Grâce à la caméra j'observe Allan, toujours équipé de sa montre connectée pour le guider, en train de jouer, mettre la table, préparer son repas, s'installer pour dîner, débarrasser, faire la vaisselle, la lessive, ranger sa chambre, etc. Les scènes dont je suis spectatrice sont tout à fait incroyables, mais au-delà de ça, je vois à quel point il est fier et heureux. Quant à moi, les yeux rivés sur mon smartphone, je suis littéralement admirative… Et comme si plus rien ne pouvait l'arrêter, c'est aussi à cette période qu'Allan décrète qu'il veut également gérer les courses tout seul ! En résumé, une fois que j'entre avec lui dans le magasin, j'ai « l'interdiction » de toucher à quoi que ce soit ! Tandis que je l'observe en train de remplir son caddie, Allan arpente joyeusement les rayons du magasin, tout en faisant défiler la liste des courses sur sa montre. J'ai cette délicieuse impression de ne servir à rien, d'autant plus lorsque je le vois faire la queue à la caisse, puis s'emparer tout à coup de ma carte bleue. Le sourire aux lèvres, je ne peux m'empêcher de me remémorer cette époque, pas si lointaine, où la moindre sortie à l'extérieur virait rapidement au cauchemar…

Oui, notre situation s'améliore de jour en jour, mais ce n'est malheureusement pas le cas de celle de l'autisme en France. De ce côté-là, les années se suivent et se ressemblent… Pour les enfants handicapés de manière générale, cette rentrée scolaire 2017 est pour ainsi dire identique à la précédente. Je décide donc de contacter un couple d'amis qui dirigent un collectif. Ils sont passés par les mêmes galères que moi et eux aussi sont montés en haut d'une grue pour faire valoir les droits de leurs enfants et ceux des autres. Nous décidons d'organiser un « camping » devant le ministère de la santé le 18 septembre, ainsi que des rassemblements devant toutes les MDPH de France. Étant à la tête d'un collectif particulièrement actif, ils sont également très suivis sur les réseaux sociaux. Donc autant dire qu'avec eux, et avec l'appui de tous ceux qui nous soutiennent depuis tant d'années, nous avons réellement les moyens de soulever les foules et de faire bouger les choses. C'est d'ailleurs suite à ces différentes actions que nous avons organisées, que nous sommes conviés à un rendez-vous au ministère et à l'Élysée le 21 septembre. Ils nous demandent de venir avec les dossiers des personnes handicapées dont les droits ne sont pas respectés. Intérieurement je me dis : « J'espère que vous avez du temps, parce que ce n'est pas ça qui manque ! » Nous encourageons donc vivement les familles à nous les transmettre. Le 20 septembre, la veille du rendez-vous, une grève de la SNCF compromet mon départ. Ça ne pouvait pas plus mal tomber… Mais comme il est hors de question de ne pas m'y présenter, je décide au dernier moment d'y aller en voiture.

Après avoir roulé quasiment toute la nuit, nous nous sommes donc présentés à ces deux rendez-vous qui auront malheureusement été sans surprise… Voici le compte rendu publié sur mon compte Facebook quelques heures après :

« Que vont donner ces deux rendez-vous au ministère et à l'Élysée auxquels nous étions ce matin ? Je n'en ai absolument aucune idée... Nous sommes censés avoir un retour d'ici une semaine. En revanche, à présent, je sais exactement qui sont ces gens. Dieu sait que j'en ai fait des rendez-vous... J'en ai croisé des personnes ces dix dernières années... Eh bien ! je n'avais encore jamais mesuré à quel point ils nous méprisent. Sur certains sujets, pourtant scandaleux, ils réussissent à se satisfaire de la situation actuelle, ils nient la réalité et ils s'offusquent lorsque le Conseil de l'Europe pointe la France du doigt dans son dernier rapport (qu'ils n'ont même pas lu...) en utilisant le terme de "ségrégation[1] ". Ils vous avouent qu'ils sont incapables de récupérer les données des MDPH et vous annoncent des délais interminables, quelles que soient nos requêtes. Comme si le temps qui passe n'avait aucune importance pour nos enfants... Ils persistent dans leurs mensonges et leurs manipulations ; ils osent vous dire, en vous regardant droit dans les yeux, qu'ils sont en train de recruter les quatre mille AVS manquantes... En revanche, ils n'ont rien à répondre lorsque vous leur prouvez que tout le monde (sauf eux) affirme qu'il n'y a plus aucun budget. On va même jusqu'à vous accueillir avec un jeune homme en fauteuil roulant pour faire mine de s'intéresser aux personnes handicapées... Cette impression horrible d'être face à des robots au discours bien huilé, manquant totalement d'humanité... "Cerise sur le gâteau", le responsable Éducation de l'Élysée qui nous a reçus n'a jamais

1. https://rm.coe.int/lutter-contre-la-segregation-scolaire-en-europe-par-l-education-inclus/1680743839

entendu parler d'Aide handicap école[1] (?!). Un jeune homme d'à peine 30 ans, à qui nous avons dû faire un cours sur la situation du handicap en France pendant plus d'une heure car il n'y connaissait absolument rien... Mais que tout le monde se rassure car il nous a dit : « Je vais transmettre à M. Macron... »

Le seul point positif qui est ressorti de cette fameuse journée fut le traitement relativement rapide de certains dossiers que des familles nous avaient envoyés. Pas tous loin de là, mais je me dis que c'est déjà ça... En revanche, comme c'est largement insuffisant, nous décidons avec certains membres du collectif de ne pas en rester là : deux mois plus tard, en pleine nuit, nous sommes douze parents à prendre en otage quatre grues place d'Italie. Dès l'aube, les sirènes des gendarmes et des pompiers retentissent en plein cœur de Paris, et les passants n'ont plus qu'à lever la tête pour apercevoir au sommet de ces tours d'acier, une immense banderole sur laquelle ils peuvent lire : « Handicap : discrimination, exclusion, maltraitance. »

1. Cellule d'écoute mise en place par le ministère de l'Éducation et de la Jeunesse pour les parents qui rencontrent des difficultés quant à la scolarisation de leurs enfants en situation de handicap.

18

Le fruit de la persévérance

En ce début d'année 2018, je suis dans le tramway, le sourire aux lèvres, heureuse de voir Allan aussi heureux, tout simplement… Mais tout à coup, je sens le regard pesant de cette femme située juste à côté de moi. Ayant visiblement perçu la « différence » d'Allan, elle me dit : « C'est bien, vous le prenez avec le sourire… » Choquée par sa remarque, je lui réponds spontanément : « Évidemment, oui, il est carrément génial mon fils ! » Très déstabilisée par ma réponse, elle ne relève pas et acquiesce d'un sourire gêné. À ce moment précis, je meurs d'envie de lui dire : « Madame, comme je vous plains de percevoir les choses ainsi… Qu'il est triste que votre regard sur mon fils soit aussi petit, lorsque le mien est si admiratif. Je regrette sincèrement que ce court trajet à nos côtés n'ait pu ouvrir votre cœur et votre esprit, ne seraient-ce que quelques minutes… Comme il est dommage que mon sourire rayonnant ne vous ait pas plutôt amenée à vous demander : “Mais pourquoi semble-t-elle si heureuse alors que tout porte à croire qu'elle n'a aucune raison de l'être ?" Peut-être auriez-vous trouvé la réponse à cette question juste en vous intéressant un peu à nous, parents d'un enfant différent. Vous auriez alors sans doute compris le temps et l'énergie qu'il a fallu à ce jeune homme, depuis toutes ces années, pour enfin réussir à monter dans ce wagon bondé sans se sentir angoissé. Peut-être auriez-vous réussi à imaginer le nombre incalculable de trajets que nous avons réalisés à pied, en rêvant au jour où l'un d'eux se passerait en toute sérénité. Et vous auriez immanquablement compris tout ce qui me rend aussi heureuse aujourd'hui... Puis, nous nous serions sans doute recroisées, et nous aurions souri ensemble, avec toute votre bienveillance. Oui, j'aurais tellement aimé attiser votre curiosité plutôt que de vous entendre prononcer cette phrase insensée... »

En effet, à une certaine époque, la facilité aurait voulu que nous restions cloîtrés à la maison, m'épargnant ainsi le risque qu'Allan m'échappe ou qu'il pique une crise en pleine rue, dans un magasin ou dans les transports. Mais ce n'est pas le choix que j'ai fait. Je savais que le seul moyen pour que je puisse un jour sortir avec lui le plus naturellement possible, était de persévérer, encore et encore... C'était également la seule solution pour qu'il puisse ensuite sortir seul sans risquer de se faire renverser par une voiture. Il fallait qu'il se confronte à l'agitation de la foule, aux bruits des rues, aux lumières, aux odeurs... et qu'il intègre tous les codes que ce genre de déplacements nous impose : traverser quand le feu piéton est vert, s'arrêter lorsqu'il est rouge, marcher sur le trottoir, ne pas courir, repérer les passages piétons, sortir et valider sa carte de métro, attendre que les gens descendent avant de monter, etc. Seules les personnes concernées sont en mesure d'imaginer le travail que cela demande pour un enfant comme Allan. Raison pour laquelle les intervenants, Joanne et moi-même y avons consacré des centaines d'heures… À une époque, la première étape consistait uniquement à pouvoir marcher plusieurs mètres avec la main d'Allan dans la mienne. Lorsqu'il avait vraiment envie d'aller quelque part, mais qu'il tentait de s'échapper ou qu'il se mettait à crier, je le portais, je revenais sur nos pas et nous recommencions le trajet depuis l'endroit où nous étions partis. Si nous avions réussi à parcourir dix mètres de manière sereine, mais qu'il se mettait tout à coup à hurler, je revenais dix mètres en arrière. Tant qu'il recommençait à s'énerver, il savait que nous n'irions pas plus loin. Je vous laisse imaginer dans quel état de rage cela pouvait le mettre… Mais, dans la plupart des cas, il finissait par prendre sur lui et c'est dans le calme que nous finissions notre parcours.

La situation que je viens de décrire peut sembler à la fois dure et surprenante, et c'est en effet une façon peu commune d'agir avec son enfant. Seulement, aujourd'hui, du haut de ses 13 ans, Allan peut maintenant déambuler dans les rues comme bon lui semble. Non seulement il a acquis tous les automatismes, mais il se repère en ville avec une facilité déconcertante et il y prend un plaisir fou ! Passionné par les moyens de transport depuis qu'il est tout petit, la ville de Toulouse n'a plus aucun secret pour lui. Il connaît notamment par cœur toutes les stations de métro, de bus et de Tramway. Aujourd'hui par exemple, Allan a rendez-vous chez l'ostéopathe. À peine arrivé au métro, il se retourne vers moi et me dit :

— Tu me laisses faire tout seul !

Ce à quoi je lui réponds :

— OK mon cœur ! C'est toi qui me guides, moi je te suis !

Je reste donc en retrait derrière lui et nous voilà, une demi-heure plus tard, au point de rendez-vous, sans avoir eu besoin d'intervenir. Une fois sortis de chez l'ostéopathe, il me dit :

— Je veux me promener à Toulouse !

— OK ! Tu veux aller où exactement ?

Il me répond :

— Université Paul-Sabatier !

Il s'agit d'un immense complexe universitaire, composé de nombreux bâtiments à perte de vue et jusqu'à présent je n'y étais allée qu'en voiture. Une fois sortis du métro, Allan se met à marcher… marcher… Personnellement je ne vois pas du tout où on est, mais Allan avance d'un pas décidé. Curieuse, je continue à le suivre sans rien dire. Au bout d'environ dix minutes de marche, je commence peu à peu à reconnaître les lieux. Je n'en reviens pas… Nous venons d'arriver au centre de loisirs Tuc Vacances où Allan adore aller durant les vacances. Je le comprends car les personnes qui travaillent ici sont absolument extraordinaires. C'est un endroit où règne le respect, la gentillesse, la bienveillance… et l'équipe se montre toujours ravie d'accueillir mon fils. Mais si je suis aussi surprise c'est parce qu'Allan vient d'emprunter un chemin qui n'a rien à voir avec celui que nous empruntons habituellement en voiture. Nous restons un petit moment sur place puis il me dit :

— On va se promener à Ramonville !

— Allez ! C'est parti !

Et je continue à le suivre. Une fois arrivés, il se dirige vers une boulangerie et me demande d'acheter un goûter. On se pose alors à une table, avec un jus de fruit et une chocolatine. À peine terminé, il se lève et m'annonce qu'il veut aller au parc à côté. Abasourdie, je m'étonne : « Ah bon, il y a un parc ici ? » Après avoir marché quelques minutes, nous arrivons effectivement sur une aire de jeux où plusieurs enfants s'amusent. Allan se dirige vers eux, joue pendant quelques instants puis m'indique qu'il souhaite rentrer. Sur le trajet du retour, Allan marche toujours dix mètres devant moi et une fois dans le métro, je remarque qu'il prend un malin plaisir à s'installer du côté opposé où je suis. Je souris et intérieurement je me dis : « Il n'y a plus de doute Allan… tu deviens un véritable ado ! »

Ce n'est que dans les semaines qui ont suivi que j'ai enfin compris comment il faisait pour réussir à se repérer ainsi dans des endroits où nous n'étions jamais allés. Certes je l'avais vu passer du temps sur le plan de la ville, mais il passait également des heures à arpenter les rues de Toulouse sur Google Earth ! Et comme Allan a une mémoire visuelle absolument incroyable, il retient ainsi chaque recoin de la ville… Les rares fois où il a un doute, il sort tout simplement son téléphone portable, se connecte à Google Maps, saisit l'adresse où il veut aller et se laisser guider ! Allan se sent d'ailleurs tellement à l'aise à l'extérieur, qu'il me fait clairement comprendre qu'il veut à présent aller faire des courses tout seul. Face à cette nouvelle demande je me sens tout à coup très stressée… « Là Allan, tu m'en demandes vraiment beaucoup… Je reconnais que tu te débrouilles particulièrement bien, mais de là à te laisser sortir seul… Non vraiment je ne pense pas que ce soit une bonne idée mon chéri… » Je vois alors sa mine se décomposer. Sauf qu'Allan n'est pas du genre à lâcher prise et régulièrement il me relance. À force, je le connais par cœur et je sais qu'il insistera tant qu'il faudra. Donc à moi de trouver une solution qui nous convienne à tous les deux. Après tout, il a 13 ans… Tous les jeunes de son âge sortent seuls faire quelques courses… En revanche, le commerce le plus proche se trouve à deux kilomètres de chez moi et je sais qu'il va vouloir y aller en bus. Sans compter toutes les rues à traverser… Je ne peux pas le lâcher comme ça dans la nature, il faut que je trouve une solution. À force de réfléchir, j'ai tout à coup une idée… Je vais recruter un « ange gardien ! » Une personne qui veillerait sur lui sans qu'Allan ne soupçonne sa présence ! Oui je sais, là encore ce n'est pas très « conventionnel », mais à enfant particulier, solution particulière… Comme pour les caméras chez moi, nous devons en passer par là. Et je suis certaine que, le jour où Allan le saura, il ne m'en voudra pas. Il sait que je fais tout pour aller dans son sens et pour qu'il soit autonome plus tard, mais je ne peux pas non plus faire n'importe quoi. Et je dois avant tout assurer sa sécurité. Je vous laisse alors imaginer la surprise des personnes qui gèrent le site sur lequel je viens de passer mon annonce… « Cherche un “ange gardien” pour… » Au bout de dix minutes seulement, je reçois un coup de téléphone. Mon interlocutrice n'est pas du tout partante pour valider ma demande, mais à force d'arguments je finis par la convaincre. Dans les heures qui suivent, les candidatures affluent et quasiment toutes les personnes qui m'écrivent me disent qu'elles trouvent cette idée géniale. J'avoue que ça me rassure... ce n'est donc pas si fou que ça ! Après avoir organisé les entretiens et choisi celui à qui je décide de confier cette mission, je commande également un traceur GPS. Si par malheur cet « ange gardien » venait à perdre de vue mon fils, il me faut absolument un moyen de le géolocaliser. J'explique donc à Allan qu'il doit toujours l'avoir sur lui lorsqu'il sortira seul. Là encore, c'est la condition *sine qua non.*

Ça y est... c'est le jour J... ! Allan se tient là, devant la porte d'entrée, prêt à franchir le pas... « Tu es sûr que tu n'as rien oublié ? Attends je revérifie : portable, GPS, carte de bus, carte bleue, chariot de course, montre connectée avec la liste de ce qu'il faut acheter... » J'ai le cœur qui bat à cent à l'heure... Je n'en reviens pas de ce qui est en train de se passer... Impatient et particulièrement fier, Allan passe la porte puis se retourne vers moi avec un grand sourire. « À tout à l'heure maman ! Je te fais de gros bisous maman ! » Puis je le vois s'éloigner et descendre les escaliers. Les larmes aux yeux, je me précipite sur mon téléphone pour envoyer un message à « l'ange gardien » : « Tenez-vous prêt, il arrive ! » Régulièrement, celui-ci me tient au courant de la suite des événements. Mais en réalité, il n'a pas grand-chose à me dire, si ce n'est que mon fils gère la situation à la perfection. Les mois passent et chaque mercredi, Allan sort ainsi faire des courses tout seul. À aucun moment il n'a remarqué la présence de « l'ange gardien ». Ce qui est pour moi assez surprenant car il s'agit sans aucun doute d'un exercice particulièrement difficile : se fondre dans la foule, rester suffisamment près d'Allan pour intervenir si besoin, mais pas trop non plus pour ne pas se faire remarquer. Quoi qu'il en soit, c'est un véritable succès ! Sauf qu'un jour, une heure avant qu'Allan s'apprête à partir, « l'ange gardien » m'envoie un SMS pour m'informer qu'il est vraiment désolé, mais qu'une urgence familiale l'empêche d'assurer sa mission. Totalement paniquée, me voilà en train de faire les cent pas dans mon salon. Comment je vais gérer cette situation ? Je ne peux pas dire à Allan qu'il ne peut finalement pas sortir ! Pour quelle raison ? Il ne va absolument pas comprendre pourquoi ! Je me torture l'esprit, mais rien à faire… Il n'y a rien d'autre à faire que de le laisser y aller seul… Et vraiment seul cette fois ! Je tente alors de me raisonner : « Estelle, calme-toi… Cela fait maintenant des mois qu'il fait ce trajet. Il a toujours fait un sans-faute. Pourquoi ce serait différent cet après-midi ? Oui, mais il suffit d'une fois… Et si cette malheureuse fois se produisait aujourd'hui ? En même temps, il faudra bien franchir le pas un jour… Je ne serai pas éternellement là et « l'ange gardien » non plus… » Bon allez, c'est décidé ! Et Allan est parti… Je vous laisse imaginer dans quel état j'étais pendant une heure et demie. Le temps m'a rarement semblé aussi long. Puis comme à son habitude, il est rentré, en toute sérénité…

Quelques jours après, deux éducateurs doivent venir s'occuper d'Allan à mon domicile. Le premier, de 13 h 45 à 14 h 45, puis le second prendra le relais de 15 heures à 17 heures. Seulement, ce dernier m'appelle pour me prévenir qu'il est souffrant et qu'il ne pourra donc pas être présent. Je propose donc à Allan de rester à la maison avec lui, mais il insiste pour que je parte travailler malgré tout. Sur le moment je réfléchis et puis je me dis qu'à présent il a l'habitude de rester seul à la maison de temps en temps… Je finis donc par accepter. Mais, vers 15 heures, le sachant seul, je me connecte machinalement aux caméras pour vérifier que tout se passe bien. Je commence par activer celle du salon où il se trouve généralement, mais je ne le vois pas. Je passe alors sur celle de sa chambre et c'est une pièce vide qui s'affiche sur l'écran de mon smartphone. Un peu inquiète, j'active successivement celle de la cuisine, puis celle de ma chambre, de la salle de bains… Tour à tour, les mains tremblantes, je repasse plusieurs fois dans chaque pièce, mais chacune d'elles est désespérément vide… « Non… Ce n'est pas possible… » J'appelle alors immédiatement sur son téléphone portable. J'entends sonner… encore et encore… Mais personne ne décroche à part cette foutue messagerie ! Complètement paniquée j'appelle l'intervenant qui était avec Allan en début d'après-midi :

— Il était bien à la maison quand tu es parti ? Tu es sûr ?

— Oui, je t'assure Estelle, tout s'est passé comme prévu et Allan allait très bien lorsque je suis parti. Je ne comprends pas du tout ce qui a pu se passer !

Au bord de la crise de panique, j'abandonne tout sur place et me précipite dans ma voiture ! Arrivée chez moi en un temps record, je me jette sur la poignée de la porte d'entrée, mais me voici brusquement stoppée. J'attrape alors mes clés et poursuis ma course folle dans chaque pièce de mon appartement. De manière totalement irrationnelle, j'en fais même deux fois le tour, mais pas la moindre trace de lui… Allan est parti… J'ouvre un des tiroirs de la commode en espérant ne pas y trouver le traceur GPS, mais il est bien à sa place… Composant à nouveau son numéro en priant pour que cette fois-ci il décroche, un son strident me fait brutalement sursauter ! Lorsque je réalise d'où ça vient je me dis « Oh mon Dieu… non pitié pas ça… » Pourtant si, c'est bel et bien la sonnerie de son téléphone… posé là, juste en face de moi. Tétanisée, les yeux rivés sur cet objet qui retentit, je suis en train de réaliser qu'Allan a disparu et que je ne peux ni l'appeler, ni le géolocaliser… J'ai tellement peur que j'ai l'impression d'être au bord de l'évanouissement. Les mains collées sur ma bouche pour ne pas crier, je reste là, paralysée, et tente désespérément de reprendre mes esprits. Mon premier réflexe est d'appeler la police, mais très vite je change d'avis. Je vais plutôt appeler mon ami qui est gendarme. Lui saura me dire quoi faire dans une situation pareille. Après lui avoir rapidement expliqué le motif de mon appel, il se veut avant tout rassurant : « Estelle, fais-lui confiance. Je suis certain qu'il va rentrer. Ça fait des années que tu fais tout pour qu'il soit autonome et maintenant c'est le cas. Crois-moi, il a tous les outils en main pour pouvoir se débrouiller seul et il connaît Toulouse mieux que personne. Sans parler du fait qu'Allan reste un ado. Il pense que tu es au boulot, que tu ne vas pas forcément vérifier… et comme il sait que tu es censée rentrer à 17 heures, tu verras qu'il sera de retour d'ici là. » C'est donc sur ces paroles rassurantes que je raccroche, puis je m'assieds sur mon canapé. Il a sans doute raison... Je dois faire confiance à Allan et quel que soit l'endroit où il est allé, il est capable de se débrouiller. Mais j'ai tellement peur... Je ne sais pas où il est, ni ce qu'il fait... Patienter ainsi s'apparente pour moi à une véritable séance de torture. Je me sens tellement impuissante que cette situation est sur le point de me rendre dingue. Il pourrait lui arriver n'importe quoi et moi je suis là, assise sur mon canapé, à regarder chaque minute défiler. Si je me réfère à l'objectif que je me suis fixé, soit 17 heures précise, il me reste encore une heure et vingt et une minutes à patienter ainsi... De toute ma vie, jamais je n'ai vu le temps défiler aussi lentement. Mais Dieu merci, le supplice durera légèrement moins longtemps car au bout d'une heure, j'entends le bruit d'une clé dans la serrure. Mon cœur fait un bon et je me retrouve tout à coup face à lui dans le salon. Je voudrais me précipiter vers lui et le serrer fort dans mes bras, mais bêtement je bloque sur un détail : Allan est là, avec une baguette dans la main... Interloquée, je lui demande : « Mais... tu as fait quoi ? Tu étais où ? » Paniqué de me voir déjà rentrée, il me répond d'un air désolé : « Je suis parti acheter du pain à Bellefontaine. » Démunie devant la réponse qu'il vient de me faire, je me mets à réfléchir au trajet qu'il vient d'effectuer : il a donc pris le bus, puis le métro jusqu'à la station Bellefontaine, pour acheter une baguette... Pourquoi aller jusque là-bas ? Je n'en ai aucune idée, mais quoi qu'il en soit, il a pensé à prendre sa carte de transport et l'argent nécessaire. Bref, il avait tout prévu… à part me prévenir et prendre son téléphone ! Je me sens totalement partagée entre des sentiments de joie, de tristesse, de colère et de fierté. Je lui explique alors à quel point j'ai eu peur et qu'il ne peut en aucun cas partir comme ça sans prévenir. Sincèrement inquiet et désolé, Allan me prend dans ses bras et me demande pardon. Le serrant fort à mon tour, je ne peux m'empêcher de penser à ce moment-là : « On a réussi mon chéri… »

19

Je te l'avais promis...

Installée au soleil sur une terrasse qui surplombe un grand lac, j'observe Allan qui se trouve un peu plus bas et qui patiente tranquillement en maillot de bain. Si nous sommes venus ici aujourd'hui, c'est parce qu'il y a sur cette étendue d'eau une immense structure gonflable qui permet aux enfants, comme aux adultes, de pouvoir sauter, glisser et plonger. J'avais repéré cet endroit depuis un petit moment et la météo clémente de ce matin m'a motivée pour proposer cette activité à Allan. Lui qui aime particulièrement se baigner, il a tout de suite accepté. Seulement, maintenant que nous y sommes, il semble hésiter à rentrer dans l'eau pour rejoindre l'aire de jeux. Il n'y a pourtant que cinq ou six mètres à parcourir pour y parvenir et Allan sait très bien nager... L'eau n'ayant pas dépassé ses chevilles, il reste ainsi à observer ses pieds. Au bout de quelques minutes, je crois comprendre ce qui est en train de se passer. Ce lac a beau être particulièrement limpide, l'eau n'est pas aussi transparente qu'à la mer ou à la piscine et c'est certainement ce qui le perturbe. Je décide alors de le rejoindre, mais je n'interviens pas tout de suite. Je préfère attendre de voir ce qu'il va décider de faire. Seulement, un homme qui assistait également à la scène en décide autrement... Très gentiment et croyant bien faire, il amène doucement mon fils vers le large en lui disant : « Viens, ne t'inquiète pas, je vais t'aider. » Sur le moment, très surpris, Allan ne réagit pas et se laisse entraîner. Mais rapidement, je le vois se dégager. Visiblement contrarié par ce qui vient de se passer, il se retourne vers moi agacé : « J'ai nagé tout seul, sans le monsieur ! Il ne m'a pas aidé ! » Ne sachant pas trop quoi lui répondre, je me contente de lui préciser que ce n'est pas grave... Sauf qu'Allan ne l'entend pas du tout de cette oreille. Vexé, il se met à nager et regagne rapidement la rive. Une fois sorti de l'eau, je le vois se replacer exactement au même endroit où il était au départ. Toujours les yeux rivés sur ses pieds, il reste ainsi à nouveau immobile durant quelques minutes. Puis tout à coup, il se jette à l'eau et se met à nager ! Ce qui vient de se passer est extrêmement révélateur de l'état d'esprit dans lequel il se trouve depuis maintenant plusieurs années. Oui, Allan est comme ça. Il veut faire les choses par lui-même et pour y arriver il peut faire preuve d'une volonté incroyable. Peu importe le temps que ça prend ; pour lui, seul l'objectif compte et il persévère jusqu'à ce qu'il réussisse à l'atteindre. Pour moi, Allan incarne la définition même du terme « courageux », c'est-à-dire : « agit malgré la peur ». Depuis qu'il est tout petit, je ne compte plus tout ce qui a été pour lui source d'angoisse, ni toutes les difficultés qu'il a dû surmonter pendant toutes ces années. D'autant plus dans une société comme la nôtre, qui donne régulièrement l'impression qu'il n'y a pas de place pour ceux qui ne rentrent pas dans les cases. Mais grâce à sa volonté de fer, Allan a fait tomber de nombreuses barrières... Et pour montrer à quel point ses efforts ont fini par payer, j'avais posté sur Facebook un petit montage vidéo que j'avais réalisé à l'occasion de son quatorzième anniversaire. Dans celui-ci, on pouvait voir Allan déambuler dans les rues, flâner dans les magasins, faire des courses, prendre le métro, converser par téléphone et par textos, s'amuser, rédiger un texte sur son ordinateur, cuisiner, faire la lessive, faire du sport, jouer de la musique, etc. Et j'y avais joint ce petit texte :

« C'est justement parce que cette vidéo semble ordinaire qu'elle est extraordinaire. Lorsqu'on la regarde, on voit un ado... Comme n'importe quel ado... Mais rares sont les personnes qui peuvent réellement imaginer le chemin que tu as parcouru pour en arriver là. Rares sont ceux qui peuvent comprendre les efforts incroyables que tu as fournis chaque jour pour réussir à prononcer un son, une syllabe, un mot, une phrase... Pour apprendre à communiquer, à jouer, à nous regarder, à t'alimenter normalement, à te concentrer, à lire, à écrire, à compter... Pour apprendre à reconnaître la joie, la peur, la colère, la tristesse... Pour apprendre la notion de danger. Pour marcher dans la rue sans ta main dans la mienne. Pour comprendre et décoder ce monde qui t'entoure ; pour supporter la foule ou le vacarme des grands magasins. Pour réussir à contrôler et à canaliser tes émotions, tes angoisses, tes colères... et à gérer cette maudite surcharge sensorielle qui t'a fait tant de

mal. Quasiment tout fut un but à atteindre, un objectif à se fixer, un challenge à relever ou un espoir à ne pas abandonner, mais nous avons fini par y arriver. C'est une sacrée leçon de vie que tu nous donnes à tous et une sacrée revanche que tu prends sur tous ces gens qui t'ont dénigré et n'ont pas cru en toi. Certes je ressors de tout ça éprouvée et "abîmée", mais peu importe car j'en ressors avant tout grandie, heureuse et fière. Dieu sait ce que la société nous a infligé, mais on n'a pas cédé, on n'a jamais plié, ni jamais rien lâché et ce n'est pas près de changer car nous avons encore des épreuves à traverser. Quand je te regarde, je vois avant tout un jeune homme libre, heureux et épanoui ; c'est de loin ma plus belle victoire, mais tu resteras le héros de cette grande histoire. »

À l'heure où je poursuis l'écriture de ce livre, Allan vient de fêter ses 15 ans, le 3 juin 2020 plus précisément. Depuis un an et demi maintenant, il n'a plus besoin de sa montre pour le guider et il ne se contente plus d'aller faire quelques courses au magasin le plus proche de chez nous. Non, Allan va où il veut, d'un bout à l'autre de la ville de Toulouse. Que ce soit pour aller dans une grande surface, à la médiathèque, à la piscine, à la patinoire, au McDo, au bowling, dans un parc, etc. Il décide seul de son programme, selon ses envies et ses centres d'intérêt. Ayant acquis la notion de l'argent, Allan utilise sa propre carte bleue, tient régulièrement ses comptes à jour et me relance quand il y a besoin d'approvisionner son compte. Comme tout adolescent, il pourrait abuser de la situation, mais ce n'est pas du tout son cas. De mon côté, j'ai retiré toutes les caméras chez moi, mais j'ai gardé « l'ange gardien » qui veille toujours sur mon fils. En réalité, il est surtout là pour moi, et non pour Allan qui n'a jamais eu besoin de lui. Viendra le jour où je ne ferai plus appel à ses services, mais pour l'instant c'est encore trop tôt. Pourquoi ? Parce que moi aussi j'ai peur. Et ce depuis qu'Allan a reçu ce diagnostic d'autisme. Peur qu'on le rejette, qu'on le maltraite, qu'on se moque de lui, qu'on le juge, qu'on l'exclue. Peur aussi qu'il ne soit pas heureux dans ce monde, qu'il se sente seul ou « trop » différent. Mais cette peur est un puissant moteur car elle me pousse à tout faire pour que mes craintes ne se réalisent pas. À mes yeux, Allan est à la fois incroyablement fort, persévérant et courageux, mais sa grandeur d'âme le rend aussi vulnérable. Particulièrement sensible et d'une gentillesse infinie, il a toujours ce regard chargé d'innocence que j'aime tant et qu'on ne voit que chez les tout-petits. Mais surtout, il a cette capacité incroyable à voir toute la beauté de notre monde et à s'émerveiller devant des choses que la plupart des gens ne voient pas. Telle que Leeloo dans *Le Cinquième Élément*, il tente désespérément de comprendre ce qui pousse les êtres humains à se faire du mal. Passant parfois des heures sur Internet à étudier les conflits dans le monde, il me demande : « À quoi ça sert ? » ou : « Pourquoi il y a des gens méchants ? » Ce que je viens d'écrire vous laisse peut-être dubitatif car vous vous souvenez certainement de ce que j'ai écrit précédemment au sujet des comportements violents d'Allan. Et c'est tout à fait compréhensible. Sauf que ça n'a absolument rien à voir... Lorsqu'Allan était violent, il n'y avait aucune volonté de sa part de faire du mal, ni aucune intention de nuire. C'était sa manière à lui de nous faire comprendre que son monde était à la fois imprévisible et effrayant... Imaginez-vous à sa place ne seraient-ce que quelques instants. Allan était incapable d'interpréter et de comprendre les différents codes sociaux (expressions faciales, changement de ton de voix, langage corporel, etc.). Non verbal les premières années, il était dans l'incapacité d'exprimer ce qu'il pensait ou ce qu'il ressentait. Son hypersensibilité et son hypersensorialité pouvaient transformer n'importe quelle journée en une véritable séance de torture mentale. Tous ses sens étaient concernés, que ce soit la vue, l'ouïe, l'odorat, le goût ou le toucher... Oui, Allan perçoit, entend et voit le monde différemment. Il avait par exemple énormément de difficultés, voire des douleurs physiques, en présence de bruits trop forts ou trop nombreux, d'une lumière trop vive, d'une odeur trop persistante, etc. Le simple fait de toucher du bout des doigts certaines textures pouvait le plonger dans un profond désarroi. Je vous laisse alors imaginer le niveau de stress, d'angoisse et de fatigue que pouvaient générer toutes ces difficultés. Et comme beaucoup de personnes autistes, Allan avait aussi énormément de mal à reconnaître, interpréter, verbaliser et contrôler ses émotions. Comme il était particulièrement anxieux et sensible, avec une émotivité décuplée, certaines situations devenaient pour lui incontrôlables et pouvaient déclencher une tempête intérieure, une simple crise passagère ou un véritable tsunami... C'est ce qu'on appelle le *shutdown* (qui peut se traduire par « repli » en français) ou le *meltdown* comme un « effondrement ». Les deux font référence à diverses surcharges sensorielles, c'est-à-dire à des stimuli qui provoquent dans son cerveau un déferlement d'informations trop différentes, trop puissantes, trop complexes, les rendant particulièrement difficiles, voire impossible, à traiter. Le *shutdown* peut s'apparenter à un mécanisme de défense de l'organisme contre ces agressions sensorielles et pour se protéger Allan se mettait à pleurer, à se balancer, à se boucher les oreilles ou bien il avait recours aux stéréotypies. Mais lorsque la surcharge émotionnelle devenait beaucoup trop forte, nous assistions alors à une véritable explosion qu'il était incapable de retenir *(meltdown)*, déclenchant ainsi des hurlements, de la violence, des crises de rage, etc.

Mais tout ceci est à présent derrière nous. Allan a gardé sa sensibilité, son émotivité et toutes ses particularités, à la différence près qu'il sait maintenant les gérer. C'est en tout cas ce qu'il me prouve chaque jour depuis plus de trois ans. Depuis le 14 janvier 2018 plus exactement. Oui, il y a des dates qu'on n'oublie pas... et je vais vous expliquer pourquoi : le 6 décembre 2017, un soir à la maison, Allan s'en est pris violemment à moi. Durant des années, ce genre de scènes étaient devenues presque banales tant elles étaient fréquentes, mais lorsque ça s'est produit ce jour-là, cela faisait plus d'un an que ça n'était plus arrivé. C'est-à-dire depuis le fameux épisode à la piscine de Colomiers. La phrase : « Non Allan ça ne change pas. Ça ne change rien » était devenue l'arme imparable contre toute forme de violence. Je pensais donc avoir définitivement remporté cette victoire, mais ce n'était malheureusement pas le cas... Le 22 décembre 2017, la même scène s'est reproduite, mais cette fois-ci dans ma voiture. J'ai alors perdu le contrôle de mon véhicule et nous avons échappé de justesse à un tragique accident. Le 14 janvier 2018, ce fut d'une telle violence que mes voisins ont alerté la gendarmerie et le père d'Allan a dû venir chez moi en urgence pour pouvoir mettre un terme à cette situation que je ne contrôlais plus. C'est ce jour-là précisément que pour la première fois j'ai eu peur de mon fils... car j'ai compris que je ne faisais plus le poids physiquement. Je vous laisse alors imaginer mon état et les mille et une questions qui m'ont traversé l'esprit... Mais depuis plus rien. Plus le moindre signe d'agressivité envers moi. Aucun. Pas une seule fois. Depuis plus de trois ans maintenant, je vis aux côtés d'un jeune homme posé, épanoui et heureux, qui réussit parfaitement à se contrôler. Il va même jusqu'à se confondre en excuses juste parce qu'il aura haussé la voix. Dans les moments de stress ou d'angoisse, il s'isole et se met à compter en respirant profondément. L'expérience m'a appris à ne jamais rien tenir pour acquis, mais j'ai vraiment bon espoir et j'aime à penser que cette fois-ci c'est la bonne. C'est en tout cas ce qu'Allan me confirme. Comme je l'expliquais juste avant, dans l'autisme, ces comportements violents ne sont jamais « gratuits », ni prémédités et encore moins dans le but de nous faire du mal. Il y a forcément toujours une raison et le plus difficile est de comprendre exactement laquelle, puis de trouver des solutions. Et cet exercice relève parfois d'une véritable enquête. Morale de l'histoire, et comme je le dis très souvent : ne jamais lâcher et on finit progressivement par y arriver...

Sur le point de terminer ce livre, je décide d'amener Allan au restaurant pour fêter ça ! À peine installés à table, je croise mon reflet dans un grand miroir situé juste en face de moi. Je semble fatiguée, les traits un peu tirés... Mais peu importe car mon regard se détourne vers celui d'Allan qui, lui, rayonne. Alors le mien s'illumine en retour. Tout cela en valait tellement la peine... Tu es magnifique Allan. Tu es cet adolescent « pas comme les autres » pour qui la notion de mode n'a aucun sens, qui m'enlace tendrement devant tes copains à la sortie de l'école, qui m'achète spontanément un bouquet de fleurs lorsque tu sors faire des courses et qui est incapable de se moquer des autres. Lorsque tu dis qu'une personne est jolie ou qu'elle est moche, en aucun cas tu ne parles de son apparence physique. Pour toi, cela signifie que cette personne est gentille ou qu'elle est malveillante. Oui Allan, tu es cet adolescent « pas comme les autres » qui me dit presque chaque soir : « Je t'aime » dès que tu éteins la lumière et qui me demande régulièrement : « Maman, est-ce qu'on se verra toujours, toujours, toujours ? » tellement tu appréhendes le jour où je ne serai plus là. Tu es ce jeune homme si attachant qui dit : « Bonjour » et envoie un bisou à un papy qui fait la manche, ou qui propose à une mamie de l'aider à pousser son caddie. Alors surtout Allan, ne change pas, reste la magnifique personne que tu es. Tu ressembles en tout point à un extraterrestre débarqué dans un monde qui te correspond si peu, mais tu l'embellis chaque jour par ta présence. Tu es la preuve vivante que la différence est avant tout enrichissante. Tu as déplacé des montagnes pour t'adapter à ce monde ; à lui maintenant de s'adapter à toi et de prendre le temps de découvrir à quel point tu es fascinant. Tu n'imagines pas tout ce que j'ai appris à tes côtés, toutes ces belles choses que tu m'as apportées, ni à quel point tu m'as rendue meilleure, et pour ça je t'en remercie du fond du cœur. Depuis toutes ces années, tu es notre soleil et nous sommes des satellites qui gravitent autour de toi pour te guider. Et nous avons commencé peu à peu à nous écarter pour te laisser pleinement briller, en toute liberté…

Remerciements

J'adresse mes tout premiers remerciements à toi Joanne, ma fille adorée et ma plus précieuse alliée. Personne ne peut réellement imaginer le rôle crucial que tu as joué dans cette histoire. Sans toi, ton petit frère n'en serait pas là aujourd'hui et je n'aurais jamais pu traverser toutes ces épreuves de cette manière-là. C'est incroyable à quel point tu es aimante, bienveillante, généreuse et courageuse. Tu as toujours été là pour m'aider, me soutenir et me redonner sans cesse le sourire. Tu m'as donné une énergie folle. Toi aussi tu es fascinante. Tu as ce don incroyable pour communiquer ton optimisme et ta joie de vivre à ton entourage et nous avons énormément de chance de t'avoir. Grâce à ta disponibilité, j'ai aussi pu garder une vie sociale que beaucoup de parents dans ma situation finissent malheureusement par perdre. Aucun des mots que je pourrai écrire ici ne saurait refléter à quel point je te remercie…

Allan a un « ange gardien », mais j'en ai également un. C'est ma sœur, Christine, qui est toujours là pour moi et que je remercie du fond du cœur. Mille mercis aussi à mon père (qui nous a malheureusement quittés…), à ma mère et à mon frère Laurent pour leur soutien infaillible. Dieu sait les tracas que je vous ai causés, mais vous avez toujours été présents. Malgré la distance qui nous sépare, vous n'imaginez pas à quel point il est réconfortant pour moi de vous savoir toujours à mes côtés. Je sais que je peux vous appeler à n'importe quelle heure et que vous êtes prêts à traverser la France du jour au lendemain si j'en ai besoin.

Merci à vous mes amis, qui êtes aussi toujours là pour moi. Votre amitié, si précieuse, a joué un rôle essentiel durant toutes ces années. Grâce à vous je ne me suis jamais sentie réellement seule ou isolée. Vous m'avez toujours soutenue et vous n'imaginez pas à quel point vos petites attentions, vos invitations ou le temps passé au téléphone avec moi m'ont fait un bien fou ! On dit que les vrais amis se comptent sur les doigts d'une main. Moi j'ai la grande chance de ne pas avoir assez des deux miennes. Alors, oui, vraiment merci d'être les belles personnes que vous êtes !

J'ai également bien sûr des « mercis » à l'infini pour toutes les personnes qui se sont occupées d'Allan. Il a tellement progressé grâce à vous… Vous avez fait un travail absolument incroyable ! Vous avez tous en commun cette énergie, cette patience, cette bienveillance… Vous auriez parfois mille et une raisons de baisser les bras, mais vous « montez au front », vous tenez bon et vous restez passionnés par ce que ce que vous faites. Bien au-delà d'un simple métier, il s'agit à mon sens d'une vocation avant tout, et je ressens pour vous une profonde admiration. Non seulement votre rôle a été déterminant dans l'évolution d'Allan (et il l'est toujours aujourd'hui pour certains d'entre vous), mais sans vous, Allan ne serait jamais l'adolescent épanoui et heureux qu'il est aujourd'hui. Et je ne vous remercierai jamais assez pour ça… Un grand merci également aux personnes bénévoles qui m'ont tant aidée !

Je ne compte plus le nombre de familles admirables que j'ai pu croiser sur les réseaux sociaux durant toutes ces années. Merci de m'avoir également communiqué votre belle énergie et pour tout le soutien que vous m'avez apporté dans tout ce que j'ai pu entreprendre. Merci d'avoir si souvent encouragé et félicité Allan. Avec bon nombre d'entre vous, nous avons partagé des moments particulièrement difficiles et éprouvants, mais nous avons aussi célébré de sacrées victoires ! Merci pour les échanges, les partages, la solidarité et la générosité dont vous avez fait preuve.

Merci Xavier de m'avoir « donné » ce fils merveilleux. Merci pour le chemin que tu as parcouru, qui t'a mené vers cette belle relation avec Allan. Un grand merci à vous aussi, Annie et Marine, de vous occuper aussi bien de lui et pour tout l'amour que vous lui donnez.

Je remercie chaleureusement la formidable équipe du centre de loisirs Tuc Vacances qui accueille Allan depuis qu'il est tout petit. Si Allan a autant progressé depuis toutes ces années, c'est grâce à des personnes comme vous. Votre centre est un véritable modèle d'inclusion en milieu ordinaire et, par expérience, je pense sincèrement que beaucoup d'établissements devraient prendre exemple sur vous. Une mention spéciale pour Kévin, Maéva et Marie qui m'ont toujours beaucoup touchée par leur extrême gentillesse. Mille mercis à tous.

Je remercie également le personnel de la MDPH et les membres de la CDAPH de la Haute-Garonne. Dieu sait que nous avons eu des désaccords, mais finalement vous m'avez apporté tout le soutien et la reconnaissance que j'attendais. Vous auriez pu rester sur vos positions, mais nous avons progressivement avancé ensemble, avec pour seul objectif le bien-être d'Allan, et les décisions que vous avez rendues ont largement contribué aux énormes progrès qu'il a faits.

Un grand merci à mes associés, dont l'équipe FrenchApp & Web, qui m'accompagnent dans cette fabuleuse aventure Watchelp. Peu de gens peuvent imaginer le niveau technique requis et les compétences nécessaires pour développer et promouvoir une telle application. Merci pour toutes ces heures que vous consacrez à ce projet avec autant d'enthousiasme. Non seulement vous êtes brillants, mais c'est un vrai plaisir de travailler avec vous.

Merci à toutes ces personnes que j'ai eu la chance de croiser, dont je ne connais pas les noms et que je ne recroiserai sans doute jamais. Merci à vous de m'avoir apporté votre aide ou d'avoir simplement prononcé une phrase réconfortante. Merci pour vos petites attentions, pour votre sourire ou votre regard bienveillant qui signifiait pour moi : « Ne vous inquiétez pas, ça va aller » ou : « Je suis de tout cœur avec vous ». Vous faites partie de ces personnes qui ont illuminé certaines de mes journées.

Achevé d'imprimer en mars 2021
sur les presses de la Nouvelle Imprimerie Laballery
58500 Clamecy
Numéro d'impression : 103271

Imprimé en France

La Nouvelle Imprimerie Laballery est titulaire de la marque Imprim'Vert®